앗쉬레 하잇쉬!

- 얼마나 행복한지 그 사람은! -

적은이 : 정 광 설

도서출판 한글

이 책의 내용은 2013년 가을 대전 산성감리교회에서 지성업 담임목사님에 의해 8회에 걸쳐 선포된 시리즈 설교 "우리는 복 있는 사람입니다!"를 받아 적은 것입니다.

말씀을 글로 옮김으로 인해 지성업 목사님의 하나님의 말씀을 대언하시는 자로서의 열정과 맡은 양들에 대한 선한 목자로서의 사랑이 충분히 전해질 수 없음을 알면서도 이리 적어 펼치고자 함은, 이 귀하고 복된 말씀이 보다 많은 이들에게 전파됨이 하나님을 기쁘시게 하는 일이고 저에게 주신 소명임을 믿기 때문입니다.

말씀을 글로 적어 펼침에 있어 소망하는 것은 이 말씀 가운데 들려오는 하나님의 음성을 듣고 깨달아 이미 받은 복을 감사와 기쁨 가운데 누리는 복된 인생이 많아졌으면 하는 것입니다.

머리말

엘로힘!
높고도 높으신 창조주 여호와 하나님!

하나님의 뜻을 알기 원하나이다.
하나님의 선하신 계획을 알고자 하나이다.
하나님이 이미 주신 축복을 깨닫기 원합니다.

여호와 샬롬!
사랑이신 나의 여호와시여!
하나님을 바로 알고,
하나님만 바라며 나아가길 원합니다.

주여!
간구하옵나니,
나의 영혼을
받아 주시옵고

인도하옵시고
동행하여 주옵소서!

엘 샤다이!
전능의 하나님!

분부하신 대로
주님이 귀하게 들어 쓰시는 종,
지 성업 목사님의 대언하시는 말씀을,
알알이 정성스레 받아 적어
세상을 향해 뿌리고자 합니다.

씨 뿌리고 물 주는 자는 사람이나
그 씨앗을 발아케 하시고
생명으로 자라게 하시는 이는
오직 여호와이실지니,

오직 온전하시고 선하신
여호와 하나님의 뜻이
온 누리에 펼쳐지고 열매 맺을 것을
믿고 감사드립니다.
말씀이 씨앗으로 세상에 심겨져
마음에 받는 자들의 삶이 복되게 하시고
이미 복 있는 자였음을 깨닫게 하옵소서!

이 아름다운 세상이,
이 복된 산 자의 땅이,
복 있는 자들의 찬송과 경배로,
하나님의 영광이 온 누리에 넘치게 하소서!

차 례

1. 우리는 복 있는 사람입니다

첫 번째 : 시편 1편 1-6절

"행복한 사람은 이렇게 살아갑니다."

---

1. 복 있는 사람은 악인들의 꾀를 따르지 아니하며 죄인들의 길에 서지 아니하며 오만한 자들의 자리에 앉지 아니하고
2. 오직 여호와의 율법을 즐거워하여 그의 율법을 주야로 묵상하는도다
3. 그는 시냇가에 심은 나무가 철을 따라 열매를 맺으며 그 잎사귀가 마르지 아니함 같으니 그가 하는 모든 일이 다 형통하리로다
4. 악인들은 그렇지 아니함이여 바람에 나는 겨와 같도다
5. 그러므로 악인들은 심판을 견디지 못하며 죄인들이 의인들의 모임에 들지 못 하리로다
6. 무릇 의인들의 길은 여호와께서 인정하시나 악인들의 길은 망하리로다

우리들이 살아가면서 이 땅 가운데에서 우리가 만나고 부딪치는 문제들은 결코 만만치 않고 녹록치 않다. 참으로 쉽지 않다. 내가 원하지 않는데 어려움이 찾아오고 내 의지와 상관없이 힘든 일이 닥치고 전혀 기대하

지 않았던 안타까운 일들 가운데 우리는 늘 살아가지 않을 수 없다. 그렇다 보니 나도 모르는 사이에 우리가 늘 생각하고 묵상하는 대부분이 좋고 아름다운 것이기보다는 힘들고 어렵고 아프고 안타까운 것들이기 쉽다. 이런 어둡고 부정적인 면들을 더 많이 생각하고 또 묵상하면서 살아갈 수밖에 없는 것이 우리네 인생인 것 같다.

그런데 우리의 그런 모습, 즉 어둡고 음습한 것만을 주로 생각하고 살아가며 어둠과 그늘에 덮이고 찌든 우리의 모습을 보면서 하나님께서는 정말로 심히 가슴 아파 하신다. 우리를 너무나 사랑하시는 하나님께선 우리의 그런 어두운 모습을 보시면서 너무 안타까워하시고 가슴 아파 하신다.

하나님은 하나님의 자녀인 우리가 늘 밝고 복되고 아름다운 삶을 묵상하고 늘 그런 삶을 살아가길 원하신다. 따라서 하나님의 자녀는 복된 삶을 살아야 한다.

하나님이 원하시고 기뻐하시는 복된 삶을 일구고 누리기 위해 우리가 가장 우선적으로 생각하고 읽고 묵상하며 깨달아야 할 것은 바로 시편의 말씀 가운데 이 주제에 대한 답이 들어 있다는 사실이다.

시편은 우리 모두가 다 아는 것처럼 찬양과 기도와 간구이다. 그 시편의 모든 찬양과 기도와 간구 속에 담겨있는 여러 가지 주제 중의 하나가 '복된 하나님의 사람'이다. 즉, 하나님께서 우리에게 소망하고 계시는 복된 삶의 모습이 무엇이고 정말 아름답고 복된 삶의 모습이 어떤 것인가에 대한 답이 시편의 고백 시 가운데 담겨 있는 것이다.

시편의 주제가 '복된 하나님의 사람'이란 것을 보다 분명하게 밝혀주는 것은 시편의 시작, 즉, 시편 1편 1절의 첫 단어를 보면 알 수 있다.

시편 1편의 첫 문장은 시편 전체의 첫 문장이기도 하다. 그런데 그 첫 문장은 히브리말로 '앗쉬레 하잇쉬!'란 말로 시작하고 있다.

이 말을 우리 한글 성경에서는 우리말의 어순에 따라 '복 있는 사람은'이라고 번역하고 있다. 그러나 이 '앗쉬레'라는 말은 그냥 평탄한 말이 아니라 감탄의 의미가 들어 있는 말이다. '앗쉬레'라는 단어는 행복이란 의미를 가진 감탄사이다. 즉, 행복이라는 의미의 감탄사이다. 따라서 히브리말의 어순대로 생각해 보면 '앗쉬레'는 "얼마나 행복한지!"라는 의미이다. 영어로 표현하면 'How blessed!'라는 의미이다. 그리고 하잇쉬는 '그 사람은!' 이란 뜻이다.

이 "앗쉬레 하잇쉬!"를 직역하면 "얼마나 행복한지, 그 사람은!"이 된다. 그리고 그 사람이 무엇 때문에 그렇게 행복할 수밖에 없는지에 대한 이유와 설명이 그 뒤에 나온다. 이것이 시편 1편의 어학적 구조이다.

이 시편 1편을 통해서 우리는 우리에 대한 하나님의 소망을, 우리의 삶에 대한 하나님의 기대하심을 발견할 수 있다. 그것은 바로 하나님의 자녀인 우리가 이 땅 가운데 살아갈 때에 하나님께서 그 한 사람 한 사람을 보면서 "앗쉬레 하잇쉬!"하고 감탄하고 싶어 하시는 것이다. "내가 너의 모습을 보니 너는 정말 복된 사람이구나!"라고 감탄하실 수 있기를 소망하시는 것이다. 이와 같은 하나님의 소망이 우리의 삶에서 펼쳐져야 한다.

시편 말씀을 묵상 하면서 우리는 복된 은혜가 우리 가운데 이미 있음을 깨달을 수 있어야 한다. 그리고 하나님께서 우리의 심령 가운데 역사하셔서 정말 우리의 삶 가운데 그런 복된 삶이 열매로 맺어져야 할 것이다. 우리가 처해져 있는 삶의 환경을 바라보면 우울을 묵상할 수밖에 없는 상황이고 조건일는지 모르지만, 우리를 사랑하시되 끝까지 사랑하시는 그 놀랍고도 크신 하나님의 은혜를 생각함으로 우리의 삶 가운데 생수의 강이, 샘솟는 기쁨이 있도록 노력해야 한다.

그럴 수 있을 때 하나님께서 우리를 바라보시며 "앗쉬레 하잇쉬!"하실 수 있게 되는 것이다. 성경 가운데 쓰인 행복에 관한 말씀을 묵상하며 그와 같은 행복한 삶이 우리의 삶 가운데 회복되어야 한다.

오늘의 말씀, 시편 1편은 행복한 사람이 걷는 진행과정을 3단계로 나누어 설명하고 있다. 그런데 이 단계는 서로 떨어져있는 것이 아니라 연결되는 것이다. 첫 번째가 있어야 두 번째가 있을 수 있고 그래야 세 번째도 있을 수 있는 구조이다. 이는 하나님이 "아! 이 사람은 정말로 복되도다!"라고 말씀하실 수 있는 사람이 되어 가는 3단계라고 생각할 수 있다. 인생의 진행 과정이다.

하나님을 믿으며 살아가는 삶, 행복한 삶의 시작입니다

하나님께서 과연 어떤 사람이 행복한 사람인가에 대하여 1-2절에서 분명히 말씀하고 있다. "복 있는 사람은 악인들의 꾀를 따르지 아니하며 죄인들의 길에 서지 아니하며 오만한 자들의 자리에 앉지 아니하고 오직 여호와의 율법을 즐거워하여 그의 율법을 주야로 묵상하는도다."

이 말씀을 오늘의 우리의 삶 가운데 해석하면 이런 내용이다. 이 땅에 살아가는 인생의 모습은 참으로 다양하다. 똑같이 살아가는 사람은 아무도 없다. 한 가지 언어와 같은 문화의 흐름 속에 살아가고 있는 우리도 이렇게나 서로 다른 모습을 가지고 살아가고 있는데, 시야를 전 세계에 존재하고 있는 모든 종족에게로 돌려보면 말로 표현하기 어려울 정도로 다양한 모습을 가지고 살아가고 있음을 알 수 있다. 언어가 다르고 피부색이 다르고 문화가 다르면 삶의 방식은 당연히 다를 수밖에 없는 것이다. 수없이 서로 다른 삶의 방식, 삶의 형태가 우리의 인생 가운데 존재한다. 그러나 하나님의 입장에서 보면 두 가지 삶의 양식만 존재한다.

우리들의 삶의 모습이 참으로 다양한 것이 사실이나 성서적으로 보면 두 가지의 길을 가는 인생만이 존재한다.

하나는 죄인의 길에 서있는 인생이다. 죄인의 길을

걸어가는 인생이다. 죄인이라는 말은 우리에게 우선적으로 어떤 윤리적이고 도덕적인 죄나 법을 어긴 죄들이 떠오를 수 있다. 그러나 성경에서 말하는 죄는 그런 인간사회의 잣대로 규정된 것만을 의미하는 것이 아니다. 성경에서 말하는 죄는 하나님 없이 인간이 자신의 의지만으로 살아갈 수 있다고 생각하며 행하는 모든 것이고 그렇게 살아가는 것을 죄인의 길을 걸어가는 사람이라고 표현하는 것이다. 본문 말씀에서는 오만한 자라는 표현을 쓰고 있다. 악인과 죄인의 궁극적인 모습이 오만한 자인 것이다. 다시 말하면 자기가 하나님이 되어서 자기가 자기 인생의 주인인 것처럼 착각하고 자기가 스스로의 삶의 주인이 되어서 하나님 없이 살아가는 인생이 죄인의 길을 걸어가는 인생이다.

또 하나는 하나님을 믿고, 믿으며 살아가는 삶의 모습이다. 예수 그리스도를 나의 구주로 영접하고 하나님의 자녀가 되어 지금도 하나님께서 나와 동행하시며 하나님의 섭리 가운데 내 인생이 펼쳐져 가고 있다는 사실을 믿고 살아가는 삶이 또 하나의 인생의 모습인 것이다.

그러니까 인간이 살아가는 모습은 매우 다양하지만

결국 우리의 인생은 하나님 없이 자기가 주인 된 삶과 또 하나는 하나님을 믿고 살아가는 삶, 이 두 가지, 두 갈래 길이 있는데, 이 두 갈래 길 가운데 하나님의 자녀가 되어 하나님을 믿고 살아가는 삶의 길을 선택한 사람을 보고 "앗쉬레 하잇쉬!", '정말 복된 사람'이라고 본문 말씀에서 이야기 하고 있는 것이다.

복 있는 사람은 어떤 사람이냐? 참으로 다양할 수 있는 삶의 모습에서 내가 내 인생의 주인인 것처럼 착각해서 내 마음대로 살아가는 인생이 아니라, 하나님을 믿는 그 믿음의 결단 가운데 내가 하나님의 은혜 가운데 있음을 고백하며 살아가려고 결단하고 걸어가는 그 인생이 사실은 참으로 복되고 축복받은 인생인 것이다.

하나님을 믿는다는 것은 결코 쉬운 일이 아니다. 참으로 어려운 일이다. 아무나 다 하나님 믿을 수 있는 것이 아니다. 하나님을 믿을 수 있다는 것은 참으로 큰 축복이 아닐 수 없다. 천지를 창조하신 전능하신 여호와 하나님을 아버지라고 부를 수 있다는 것이 얼마나 큰 특권이고, 얼마나 큰 권세이고, 얼마나 큰 은혜인지 참으로 감사하지 않을 수 없는 것이다.

하나님을 믿고 싶어도 못 믿는 사람들도 많이 있다. 하나님을 몰라서 못 믿는 사람도 있지만, 믿고는 싶은데 믿어지지 않아서 못 믿는 사람들도 많이 있다. 아무나 하나님 믿을 수 있는 것이 아니다. 하나님의 은혜 가운데 성령님의 도우심이 있을 때 비로소 하나님을 믿을 수 있게 되는 것이다. 자연적으로 하나님이 믿어지는 것이 아니다.

어느 연예인이 인생의 후반부를 준비하는 하프타임에 지금까지 열심히 살면 되는 것이라 생각했던 것에 "그런데 왜 열심히 살아야하지?"라는 의문이 들어, '왜'를 찾아서 3년 동안 성경을 공부하고 창조론과 진화론을 연구하고 중동의 역사와 성경의 내용을 비교분석하고 조사하며 자신의 삶이 완전히 바뀌었음을 고백하고 있다. 지금까지 자신이 옳다고 생각하며 추구해 왔던 모든 것들을, 자신의 주장과 논리들을 다 쓰레기통에 버려버리고 싶다는 고백을 하고 있다. 그런데 자신은 크리스찬이 아니라고 말한다. 머리로는 결론을 얻고 믿어지는데 가슴으론 안 믿어진다는 것이다. 머리로는 알겠는데 안 믿어지니까 너무나 괴롭다고 그는 말한다.

이렇게 못 믿고 있는 사람들도 많이 있다. 이것을 좀 더 정확히 표현하면 "내 인생의 주인이 나다."라는 자기 내면의 생각이 머리로 안 사실을 믿지 못하겠다고 버티는 것을 아직 이기지 못하고 있는 것이다.

우리의 내면은 이미 죄로 오염되어 있어서 자기가 자신의 인생의 주인이라고 생각하도록 끌고 간다. 이 인간의 죄 성의 뿌리를 이겨내지 못하기 때문에 믿고 싶다는 생각을 하면서도 가슴으로 믿지 못하게 되는 것이다. 자신을 내려놓고 자신을 온전히 주님께 맡기고 의탁할 수 없는 것이다. 이렇듯 하나님을 믿는다는 것이 결코 쉬운 것이 아니다. 아무나 믿는 것이 아니다.

오늘 말씀에서도 첫 마디 "앗쉬레 하잇쉬!"는 단수로 씌어 있고 그 뒤의 악인들, 죄인들, 오만한 자들은 다 복수로 씌어 있다. 즉 하나님을 믿지 않고 멋대로 살아가는 수없이 많은 사람들 가운데 하나님을 믿는 믿음이 있는 사람은 극소수라는 것을 상징하는 표현이라고 할 수 있다.

그런데 하나님에 대한 믿음을 고백하고 그 말씀을 읽고 묵상하고 그 깨달음 때문에 위로받고 격려 받고 때로는 회복되고 때로는 그것 때문에 하나님 앞에 회개할

줄 알고 때로는 그것 때문에 도전받아서 하나님 앞에 새로운 삶을 살 것을 결단하는 인생으로 살아갈 수만 있다면 그것이 진정한 복되고 행복한 삶의 모습이라는 것을 말씀하고 있는 것이다.

때로는 하나님의 섭리하심과 인도하심이 너무 크고 깊어서 내 합리적인 생각과 내 상식과 내 이성으로는 미처 깨닫지 못해서 답답할 때도 있을 수 있지만 그럼에도 불구하고 끝까지 하나님을 믿고 신뢰하며 나아갈 수만 있다면 이 세상에서 이 사람은 정말 행복한 사람, 복된 인생인 것이다.

수많은 하나님을 믿지 못하는 악인들과 죄인들과 오만한 자들 가운데 홀로 하나님을 믿을 수 있는 자가 축복받은 사람이고 복 있는 사람이어서 시편 기자는 "앗쉬레 하잇쉬!"라는 감탄사로 시편을 열고 있다. 그런고로 믿음은 곧 은혜인 것이다.

믿음은 맛보아 알 수 있는 것이 아니라 결단을 통하여 나의 전 존재가 믿음에 빠지는 것이다.

하나님 품 안에 삶의 뿌리를 내린 삶, 행복한 삶의 과정입니다

1. 2절은 "복 있는 사람은 어떤 사람인가?"라는 사실을 이야기 했다면, 3. 4절 "그는 시냇가에 심은 나무가 철을 따라 열매를 맺으며 그 잎사귀가 마르지 아니함 같으니 그가 하는 모든 일이 다 형통하리로다. 악인들은 그렇지 아니함이여 오직 바람에 나는 겨와 같도다."에서는 믿는 사람들의 이 땅에서의 이미지는 어떨 것인가를 이야기하고 있다. 즉, 그 복된 인생의 이미지는 마치 시냇가에 심겨진 나무와 같은 인생이라는 것이다.

'시냇가에 심겨진 나무'라는 말이 어떤 이미지를 연상시키는가는 이렇게 아름다운 자연환경을 보며 자랐고, 이런 좋은 환경 가운데에서 살고 있는 한국 사람은 다소 이해하기가 쉽지 않을 수 있다.

이스라엘 광야에는 두 종류의 나무가 존재한다. 하나는 말만 나무이지 실제로는 나무라고 할 수도 없을 정도로 갈라지고 말라지고 비틀어져 나무 같지 않은, 생기라곤 눈 씻고 찾아보아도 볼 수 없는 나무가 있다. 마치 찢기고 상한 우리의 심령 같은 모습이라 말할 수 있다. 그래서 바람이 좀 불면 뿌리까지 뽑혀져서 이리저리 바람에 굴러다니는 모습을 보이기 일쑤인 나무이다.

그러나 그 메마른 광야에도 늘 푸른 나무가 있다. 이 나무들은 오아시스나 시냇가에 심겨진 나무들이다. 이들은 늘 푸르고 마르지 않고 철을 따라 열매가 맺혀진다.

복 있는 인생에서는 이런 모습, 이런 이미지가 펼쳐진다는 것이다.

하나님을 믿음이 그 인생의 출발인 자가 진정 복되고 행복한 자이고, 그 삶의 과정 가운데 그 삶의 뿌리를 시냇가에 내린 자 즉, 하나님의 품 안에 내린 자, 하나님의 섭리와 은혜에 내린 자는 그의 잎사귀가 늘 푸르고 마르지 않는 아름다운 모습을 보이고, 그것에 머무는 것이 아니라 언젠가 때가 되면 아름다운 열매를 맺을 수 있고, 그 열매 때문에 그의 인생이 더욱 아름다워지게 되며 그 열매를 바라보는 행복과 기쁨이 있고, 누군가가 그 열매를 따먹으면서 그 사람의 인생까지도 아름다워지는 그런 복된 인생이 하나님께서 말씀하시는 행복한 사람의 모습인 것이다.

우리는 스스로 살아갈 수 없는 존재이다. 그래서 우리는 우리의 삶의 뿌리를 어딘가에 반드시 내리지 않으면 안 된다. 그런데 우리의 삶의 뿌리를 하나님의 품 안에, 하나님의 은혜와 섭리 안에 내리지 않으면 우리는 두 가지 중의 하나에 결국은 뿌리를 내리게 된다.

하나는 우리가 가지고 있는 탐욕, 욕망에 뿌리를 내리는 것이다. 대부분의 사람들은 자신의 내면에 있는 탐욕과 욕망에 뿌리를 내리고 있다. 이때에 나타나는 특징적인 현상은 절대로 무엇에도 만족하지 못한다는 것이다. 인간은 천하를 다 가져도 만족하지 못하고 하나님이 되려고 할 만큼 탐욕의 끝을 모를 존재이다. 따라서 이 탐욕에 뿌리를 내리면 늘 불평이고 불만이고 늘 채워지지 못함으로 인한 목마름에 허덕이게 된다. 남편이 다섯이어도 남편이 없다고 말하던 사마리아 여인처럼 아무리 마셔도 영원히 목말라 하는 존재가 되는 것이다.

또 하나는 삶의 뿌리를 환경에 내리는 경우이다. 환경은 주위의 조건뿐 아니라 진급이 잘되고 시험에 합격하고 자녀가 잘되는 것 등에 자신의 삶의 성패를 걸고 사는 것을 의미한다. 그런데 삶의 환경에 삶의 뿌리를 내리면 바람이 불면 갈대가 흔들리는 것처럼 우리의 삶도 환경의 변화에 따라 걷잡을 수 없이 흔들리게 된다. 환경의 흔들림에 따라 그의 인생은 넘어졌다 일어나기를 반복하게 된다. 왜냐하면 우리의 환경은 늘 변하기 때문이다.

그런데 우리의 삶의 뿌리를 하나님의 은혜와 품 안에 내리면 그때 비로소 삶의 환경이 어렵고 힘들어서 광야의 메말라 비틀어진 나무와 같은 그런 어려운 상황 가운데에서도 그는 늘 푸르고 언젠가는 열매 맺는 인생이 되는 것이다. 잠시는 흔들릴 수 있다. 폭풍우가 오고 비바람이 몰아닥치면 흔들리지 않을 수 없다.

우리의 인생 가운데 예기치 않은 어려움이 닥치면 그로 인해 어려워하고 눈물 흘리고 가슴 아파할 수 있다. 그러나 하나님의 은혜의 품안에 우리의 뿌리를 내리면 잠시는 흔들려도 흔들림으로 인해 우리의 인생이 결론 나지 않는다. 하나님의 은혜와 섭리로 인해 어느 순간 내 잎사귀가 푸르러지고 우리의 삶 가운데 열매 맺는 인생이 된다. 늘 하나님의 생수, 복음의 생명력을 공급받아 하나님의 영광과 은혜가 빛으로 발산되는 삶이 되게 된다. 어려움에 의해 쓰러지는 것이 아니라 그것이 오히려 연단의 기회가 되어 믿음이 더욱 깊어지는 계기가 된다.

그렇듯 뿌리를 하나님께, 하나님의 품 안에 내리고 있으면 언젠가 철을 따라 열매를 맺듯 선하고 아름다운 열매가 맺을 수 있게 되는 것이다.

추악한 우리의 욕망에 뿌리를 내리면 언제까지나 만족하지 못함으로 인해 추해지지 않을 수 없고 늘 변화할 수밖에 없는 환경에 뿌리를 내리면 늘 up and down을 경험할 수밖에 없게 된다.

그러나 언제까지나 영원토록 변함없으신 영원하신 하나님께 뿌리를 내리는 삶은 하나님이 "앗쉬레 하잇쉬!", "얼마나 행복한가! 그 사람은! 정말 복된 인생이로다!"라고 감탄하시게 된다.

하나님께서 인정하시는 삶! 행복한 삶의 길입니다

사람들은 나름대로 최선을 다하여 자신의 삶을 일구어가고 있다. 그러나 그렇게 살다 보면 얻는 것도, 보람된 것도 있겠지만 또 그 반면에 잃는 것도 있게 마련이다.

그러나 성공적인 삶은 자신이 뜻한 바를 얼마나 이루고 성취하였는가에 달린 것이 아니라 하나님께서 인정하시는 삶이 바로 행복한 사람이고 성공적인 삶을 일군 인생인 것이다.

의인의 길은 여호와께서 인정하시나 악인들의 길은 망하는 삶인 것이다. 우리 삶의 모습은 천차만별이나, 그 인생이 옳고 바람직한 삶이었나는 죽어서 관에 누워봐야 알고, 더 정확하게는 하나님 앞의 심판대 앞에 설 때 그때 여호와 하나님에게 인정을 받을 때 비로소 결론이 나게 된다.

"무릇 의인들의 길은 여호와께서 인정하시나 악인들의 길은 망하리로다!"라는 말씀을 결코 잊으면 안 된다.

무엇을 결단하고 선택하여야 할 때 하나님 앞에까지 가지고 갈 수 있는 것을 선택해야 한다.

복 있는 삶은 그 하나님 앞에 섰을 때 하나님께 인정받는 삶이다. 하나님께서 인정하시는 삶이야말로 세상이 그 인생을 보고 뭐라 할지라도 그것이 복된 삶이다. 하나님 앞에까지 가지고 갈 수 있는 것, 그런 인생이어야 하고 그런 인생길을 선택해야 한다. 감정으로 선택하거나 누가 그 길은 간다고 따라가는 것이 아니라, 이 선택이 궁극적으로 하나님 앞에 가지고 갈 수 있는 것인가를 생각하며 하는 선택이어야 한다. 왜냐하면 그때 우리의 인생이 결론나기 때문이다. 누가 뭐라고 무슨 소리를 한다 할지라도 하나님이 인정하시는 삶이 되어야 한다.

시편 1편의 말씀에 부합되는 "앗쉬레 하잇쉬!"라고 하나님도 감탄하실 만한 구체적인 인물을 성경 가운데에서 찾아본다면 요셉을 들 수가 있을 것이다.

우리 모두가 알듯이 요셉의 인생은 그야말로 드라마틱한 인생이라 할 수 있다. 바닥까지 떨어져 버림받고 노예로 전락되어 팔려가기까지 한 인생이었다. 그랬다간 최고의 영광의 자리에까지도 올랐던 인생이다.

그러나 그의 인생의 마지막은 정말로 아름다운 축복의 삶이었다. 정말 복된 삶이었다. 삶의 과정이 순탄치 못했음에도 불구하고 그의 삶은 정말로 "앗쉬레 하잇쉬!"라는 말이 꼭 해당이 될 수 있는 정말로 아름다운 삶이었다.

그렇다면 무엇이 그의 삶을 그토록 아름답게 만들 수 있었을까? 창세기 50장에 보면 요셉이 하는 고백을 볼 수 있다. 자기를 팔았던 형들이 아버지 야곱이 돌아가시고 나면 요셉이 지금까지 아버지 야곱이 살아 있음으로 인해 참고 있던 것을 마음을 바꾸어 자기들을 해하려 할까 염려하여 요셉에게 무릎 꿇고 비는 상황에 대한 묘사가 있다. 이 때 요셉은 "나를 이리로 보내신 분은 하나님이십니다."라고 고백한다. 사실은 그런 것이 아니었다. 형제들이 잘난 척하고 아버지 야곱의 편애만 받는 요셉이 미워 형제들이 요셉을 노예 장사꾼에게 판 것이었다. 객관적인 사실은 버림받고 배신당한 것이다. 요셉의 삶의 환경은 버림받은 존재라는 것이었다.

그런데 요셉은 그 환경과 그 객관적인 사실에 주목한 것이 아니라 하나님의 은혜의 샘에 뿌리를 내렸던 것이다. 그랬기에 "나를 이리로 보내신 분은 하나님이십니다."라는 고백을 할 수 있었다. 그러면서 "내가 어떻게 하나님을 대적하고 하나님의 자리에 설 수 있겠습니까?" 라고 고백하고 있다. 결국 정말로 복되고 아름다운 인생은 하나님을 믿는 믿음으로부터 출발하는 것이다. 언젠가 주님 앞에 설 것을 소망하며 살아가는 인생이 이 땅 가운데에서 진정으로 복된 인생으로 살아갈 수 있는 것이다.

– 아멘! –

2. 우리는 복 있는 사람입니다

두 번째 : 시편 21:1-7(1-13)

"존귀와 위엄으로 그에게 입히시나이다."

---

1 : 여호와여 왕이 주의 힘으로 말미암아 기뻐하며 주의 구원으로 말미암아 크게 즐거워하리이다
2 : 그의 마음의 소원을 들어 주셨으며 그의 입술의 요구를 거절하지 아니하셨나이다(셀라)
3 : 주의 아름다운 복으로 그를 영접하시고 순금관을 그의 머리에 씌우셨나이다
4 : 그가 생명을 구하매 주께서 그에게 주셨으니 곧 영원한 장소로소이다
5 : 주의 구원이 그의 영광을 크게 하시고 존귀와 위엄을 그에게 입히시나이다
6 : 그가 영원토록 지극한 복을 받게 하시며 주 앞에서 기쁘고 즐겁게 하시나이다
7 : 왕이 여호와를 의지하오니 지존하신 이의 인자함으로 흔들리지 아니 하리이다
8 : 왕의 손이 왕의 모든 원수들을 찾아냄이여 왕의 오른손이 왕을 미워하는 자들을 찾아내리로다
9 : 왕이 노하실 때에 그들을 풀무 불같게 할 것이라 여호와께서 진노하사 그들을 삼키시리니 불이 그들을 소멸하리로다
10: 왕이 그들의 후손을 땅에서 멸함이여 그들의 자손을 사람 중에서 끊으리로다
11: 비록 그들이 왕을 해하려 하여 음모를 꾸몄으나 이루지 못

하도다
12: 왕이 그들로 돌아서게 함이여 그들의 얼굴을 향하여 활시위를 당기리로다
13: 여호와여 주의 능력으로 높임을 받으소서 우리가 주의 권능을 노래하고 찬송하게 하소서

우리가 진정으로 아름답고 복된 인생을 살아가고 참된 행복을 누리기 위해선 우리에게 두 가지 요소가 필요하다. 어떻게 생각하면 우리의 인생이 이 두 가지 요소로 구성되어 있다 라고 표현할 수도 있다.

하나는 외적인 요소이다. 흔히 우리가 우리의 삶의 환경들, 우리의 삶의 정황들이라 이야기하는 환경이 우리의 행복한 삶, 우리의 아름다운 인생에 큰 영향을 끼친다.

또 하나가 있다면 내적인 요소이다. 내적인 요소는 흔히 우리가 내면이라고 표현하는 우리의 인격, 성품 같은 우리 내면의 요소이다. 즉, 외적 요소와 내면의 요소이다.

이때 우리가 행복한 삶을 일구어 내고 복된 인생을 살아가는데 있어서 더 중요한 것은 외적인 환경이 아니라 내면이다. 환경이 우리가 살아가는데 있어서 매우 중요한 요소임은 부인할 수 없다. 우리는 사회적 동물이기

때문에 환경의 영향을 받을 수밖에 없는 존재이다. 그래서 환경에 따라 우리의 행복, 아름다운 삶이 영향을 크게 받는다. 그런데 부정적인 의미에서의 영향은 아주 크지만 긍정적인 의미에서의 영향은 제한되어 있다. 무슨 이야기인가 하면, 우리의 삶의 환경이 아주 어렵다고 생각해 보자. 그러면 우리의 삶은 힘들고 고통스러울 것이다. 그러면 우리의 인생이 흔들리고 망가지기 쉽게 된다. 이렇게 부정적인 의미에서 환경이 우리에게 주는 영향은 아주 크다.

그러나 긍정적인 의미에서의 영향은 제한적이다. 우리가 환경이 좋으면 모두가 늘 행복한가를 생각해 보면 알 수 있다. 환경이 좋으면 잠시는 행복할 수 있다. 환경은 우리로 하여금 잠시 동안 만큼은 행복을 느끼게 해줄 수는 있지만 그 환경이 우리를 늘, 지속적으로 행복하게 만들고 우리 인생을 지속적으로 아름답게 만들어 줄 수는 없는 것이다. 환경은 처음에는 감격과 감동을 줄 수 있으나 며칠 지나면 금방 익숙해지고 감각이 무뎌져서 더 이상 우리를 흥분시키고 감격에 들뜨게 하지 못한다. 그렇기 때문에 환경은 우리의 삶에 영향을 줄 수는 있지만 절대적이지는 못한 것이다.

그러나 반면에 우리의 내면은 절대적이다. 삶의 형편과 조건이 흔들리고 어려워 고통을 겪을 수밖에 없는 처지에 놓인다 할지라도 우리의 내면이 굳게 중심을 잡고 바른 방향을 향해 서 있을 수만 있다면, 잠시 흔들릴 수 있을지는 몰라도 결국에는 이를 극복하고 초월하여 행복하고 복된 삶을 영위할 수 있다.

그렇기 때문에 이렇게 결론 내릴 수 있다.

진정 행복한 삶을 원하는가?

정말 복된 인생으로 살아가길 원하는가?

그렇다면 진짜 신경 쓰고 정성을 다하여 관리해야 할 것은 환경보다는 우리의 내면인 것이다. 어떻게 우리의 내면을 관리할 수 있느냐가 우리의 삶이 복되고 행복한 삶이 될 수 있는가에 결정적으로 중요한 요소임을 결코 잊거나 소홀히 해서는 안 된다. 내면의 관리가 중요하다.

그런데 이때 가장 중요한 것은 자신에 대한 가치, 자기 자신에 대한 존중감을 갖는 것이다. 즉, 자긍심, 자존심이 커야 한다. 자신이 충분히 사랑을 받고 있고 그럴 만한 사람이라는 마음 즉 자존감이 높을 때, 자기 자신에 대한 존중의 마음이 있을 때 환경으로 인해 쉽게 영향 받지 않고 어떤 상황 가운데에서도 행복한 삶을 누릴 수 있는 것이다.

자존감이 낮고 자신의 가치에 대한 스스로의 평가와 인식이 낮으면 그 낮은 자존감이 우리의 삶에 몇 가지 영향을 미치게 된다. 그러므로 환경과 상관없이 행복을 누리지 못하고 복된 인생을 살아갈 수 없게 된다.

먼저 생각할 수 있는 것은 자존감이 낮으면 모든 관계를 맺는데 어려움을 느끼게 된다는 사실이다. 왜냐하면 자존감이 낮으면 남에 대하여 열린 마음을 갖기가 어렵기 때문이다. 따라서 자존감이 낮은 사람은 그가 맺는 인간관계가 원만하기보다는 갈등 가운데 빠져들기 쉽다. 열린 마음으로 상대의 문제를 수용하고 포용할 수 있어야 좋고 원만한 대인관계가 가능할 수 있는데 자존감이 낮고 상대에 대하여 열린 마음이지 못하면 상대의 마음에 들지 않는 반응이나 자신에게 상처를 주고 무시하는 듯한 행동이나 자신에게 무관심한 듯 보이는 태도를 수용하기 어려워 관계가 일그러지고 깨지기 쉽다.

그런데 인간은 사회적인 존재로서 인간관계가 좋을 때 비로소 행복을 느끼는 존재이다. 따라서 인간관계가 특히 가까운 사람들과의 관계가 원만하고 좋아야 하는 것은 행복하고 복된 삶의 필수요소라 말할 수 있다. 그런데 이 인간관계를 잘 맺고 유지할 수 없으니 자존감이 낮으면 불행한 삶이기 쉬울 수밖에 없는 것이다. 특별히 노년의 행복은 조건보다 관계가 좋아야 한다. 연구에 의하면 가까운 사람들, 부부, 자녀, 친구들과의 관계가 좋을 때 삶이 처한 환경의 조건과 관계없이 행복한 노년을 보내는 것을 알 수 있다. 세계적으로 상위의 경제수준에 도달한 대한민국 국민들의 행복지수가 109등인 것을 보면 경제적 조건이 행복에 미치는 영향이 미미한 것을 알 수 있다.

우리는 자칫 스스로의 자존심을 깎아내리거나 다른 사람의 가치를 깎아내리려 하기 쉽다. 그래서 상처를 받기도 주기도 한다.

자기 자신에 대한 가치를 느끼면 열린 마음일 수 있다. 그러나 자존감이 낮으면 열등감이나 교만한 마음을 갖게 되기 쉽다. 자기 자신을 충분히 사랑하고, 사랑받고 있다고 생각하는 사람이라면 자유로울 수 있는데 그렇지 못한 사람은 늘 주눅 들어 사는 열등감에 휩싸여 있거나 아니면 그런 자신의 내면을 감추고 방어하기 위해서 지나치게 자신을 내세우며 타협을 모르는 독불장군식의 교만의 모습을 보이기도 한다.

특별히 자존감이 낮은 사람들은 대안 없이 다른 사람을 비판하는 경우가 많다. 끊임없이 남을 비난한다. 이들은 과거에 자신의 모든 관심과 생각이 머물러 있다. 과거의 실패나 안 좋았던 경험에서 벗어나지 못한다. 과거에 맺혀 살기 쉽다. 과거의 성공이나 실패에 생각이 온통 머물러 있기 쉽다. 그렇다 보니 내일에 대한 기대도, 오늘에 대한 기쁨도 누리지 못하고 살아가기 쉽다.

따라서 자신이 사랑받고 있다는 확신을 가질 수 있고 자존감이 높을 수 있다는 것은 우리가 이 땅 가운데에서 행복하게 살아가는데 있어서 정말로 중요한 것이다.

이때 자존심과 자존감은 서로 다른 개념일 수 있다. 자존감이 낮은 사람들이 흔히 내세우는 왜곡된 자존감 내지는 가면을 쓴 열등감이라 말할 수 있는 것이 그들이 말하는 자존심이다. 스스로를 자기 뜻대로 높이려 드는 것이 왜곡된 자존심이라 말할 수 있다. 이것은 자존감이 낮은 사람일수록 드세게 드러난다.

진정한 자존감은 자기 자신이 사랑받을만한 충분한 가치가 있다고 생각하는 내면의 상태를 의미한다. 복된 삶, 아름다운 삶, 행복한 삶을 살아가기 위해 우리 자신의 가치에 대한 존엄성은 절대적인 것이다.

왜 절대적이냐 하면, 성서적으로 볼 때 우리는 하나님의 형상에 따라 지음 받았기 때문이다. 하나님이 하나님의 형상을 닮은 모습으로 우리를 창조하셨기 때문이다. 이 얘기는 창조될 때부터 우리는 가치 있는 존재였다는 것을 의미한다. 그런데 우리 안에 죄가 들어오면서 우리에게 있어서 제일 먼저 나타나게 한 것이 수치감이었다. 숨기 시작했던 것이다. 죄가 우리의 가치를 잃어버리게 했다. 우리가 스스로를 더 이상 존귀한 존재가 아닌 것으로 인식하게 만들었다. 그리고 쓸데없는 부정적 의미의 자존심만 가지고 스스로만을 드러내려 애쓰는 존재로 만들었다.

복된 인생을 살아가는데 있어서 가치와 존귀함이 왜 중요하냐 하면 원래 우리가 창조되었을 때는 하나님의 형상을 닮은 가치 있고 존귀한 존재였기 때문이다. 따라서 스스로에 대한 가치를 깨닫는 것이 중요하다. 그렇게 되면 어떠한 환경 가운데 있을지라도 자신의 인생을 복된 인생으로 인식하며 감사와 기쁨 가운데 평강을 누리며 살아갈 수 있다.

우리가 경제적으론 세계 200여 개의 나라 중에서 10위 정도로 잘사는 나라가 되었다. 나라의 부뿐 아니라 개인의 씀씀이도 그렇다. 그러나 조사에 의하면 행복지수는 109등이라고 한다. 환경은 과거와 비교할 수 없을 정도로 풍요로워졌음에도 불구하고 마음에 행복을 느끼고 누리는 사람이 생각보다 적은 것이다. 조사에 의하면 세계 약 70억의 인구 중에 종교의 자유를 누리지 못하고 사는 사람들이 반이 넘는다. 냉장고가 있고 그 속에 먹을거리가 들어 있다면, 또는 추위를 면할 수 있는 옷을 입고 있거나 비가 새지 않는 집에서 잘 수 있다면 그는 지구상에서 25% 안에 드는 형편이다. 통장이나 지갑에 돈이 있든지 아니면 집에 있는 작은 그릇 속에 동전 몇 닢이 있다면 그는 이 세상에서 최상위 8% 안에 드는 사람이다. 우리의 요즘 형편은 웬만하면 지구상에서 경제적으로 최상위 8% 안에 드는 것이다.

환경으로 볼 때는 충분히 행복할만한데 행복감을 느끼지 못하는 것은 내면이 허약하기 때문이다. 비교를 통하여 경쟁에서 우위를 점해야 만이 가치가 있는 것으로 여겨지는, 진정한 가치가 왜곡된 사회 속에서 살아가면서 본질적으로 스스로가 가치 있는 존재라는 사실을 깨닫지 못하며 살고 있기 때문이다. 그렇다 보니 조건과 상관없이 상대를 인정하고 스스로를 존중하는 것으로부터 멀어지게 되었기 때문이다. 따라서 지구상에 존재하는 전 인류 가운데 상위 8% 안에 드는 경제적 형편을 누리며 사는 데도 감사하지 않고 기뻐하지 않고 행복을 누리지 못하며, 더 한 것보다 부족함을 탓하고 원망하며 불행감에 빠져드는 것이다.

하나님은 우리를 존귀히 여기신다

베드로전서 2장 9절에서 하나님은 우리들을 향하여 이렇게 고백하신다. "그러나 너희는 택하신 족속이요 왕 같은 제사장들이요 거룩한 나라요 그의 소유가 된 백성이니 이는 너희를 어두운 데서 불러내어 그의 기이한 빛에 들어가게 하신 이의 아름다운 덕을 선포하게 하려 하심이라"라고 말씀하신 것과 같이 우리를 왕 같은 제사장으로 여기신다. 택함 받은 특별한 족속으로서 우리를 아주 가치 있게 여기신다고 말씀하고 계시다.

하나님께선 그런 마음만 갖고 계신 것이 아니다. 본문 5, 6절을 보면 "주의 구원이 그의 영광을 크게 하시고 존귀와 위엄을 그에게 입히시나이다. 그가 영원토록 지극한 복을 받게 하시며 주 앞에서 기쁘고 즐겁게 하시나이다."라고 고백하고 있다. 이 말씀은 우리가 복 있는 인생인데, 왜 그러냐하면 구원받은 인생이기 때문이라는 것이다.

본문에 자주 나오는 '구원'이라는 단어는 히브리어로는 '예수와'라는 말이다. 이 말은 곧 하나님이 육신의 옷을 입고 이 땅에 오신 바로 그분의 이름이다. 즉, 우리가 예수 그리스도를 영접하는 순간 우리는 하나님의 구원의 역사에 동참한 인생이 되고, 하나님의 구원의 역사에 동참한 그 인생은 복 받은 인생인 것이다.

우리가 구원받았다는 것은 하나님께서 우리를 존귀하게 여기셔서 독생자이신 예수 그리스도를 희생하시면서까지 오늘 우리를 사랑하신다는 것을 의미하기 때문이다. 바로 그만큼 우리를 존귀하고 아름답게 여기시는 하나님의 그 아름다운 사역의 모습이 구원이라 했을 때, 그 역사 가운데 우리가 있다 함은 우리가 하나님으로부터 존귀함을 받은 존재이고, 왕 같은 제사장만큼이나 창조주 하나님으로부터 귀히 여김을 받은 존재이니 복 받은 삶이 아닐 수 없는 것이다.

환경이나 소유나 내가 어떤 위치에 있냐하는 것을 잣대로 행복을 판단하고 평가하려 한다면 우리의 행복은 늘 풍전등화와 같이 흔들리고 춤추며 불안할 수밖에 없다. 그러나 행복에 절대적으로 중요한 것이 스스로에 대한 존엄성과 가치관의 확보에 있다고 할 때 이것을 이미 하나님이 우리에게 주신 것이다. 그래서 주의 구원에 동참한 자는 복 있는 인생인 것이다. 그래서 본문 5절에 존귀와 위엄을 그에게 입히셨다고 고백하고 있다.

그리고 특별히 시편에 나오는 구원이란 단어에는 두 가지 의미가 들어 있다. 하나는 잃어버렸던 것을 회복시킨다는 의미와 또 하나는 아주 소중한 것을 지키신다는 의미이다. 즉, 구원은 회복과 소중히 여김을 뜻한다.

다시 말하면 이 구원의 역사에 동참할 때 하나님은 우리의 잃어버렸던 존엄성을 회복시켜 주신다.

하나님은 우리의 존엄성을 회복시키십니다

과거의 어떤 실패 때문에, 내가 의도하지 않았지만 내가 겪을 수밖에 없었던 어떤 아픔과 상처들 때문에, 내 과거에 내가 벗어버릴 수 없는 어떤 상황이나 사건 때문에 내가 가지고 있던 어떤 고통 때문에 내가 내 존귀함을 잃어버리고 자신의 자존감을 잃어버렸을지 모르지만, 내가 하나님의 구원의 역사에 동참하게 되는 순간 하나님은 우리의 존귀함을 회복시켜주시는 것이다. 그래서 우리가 복 있는 인생으로 하나님 안에서 살아갈 수가 있는 것이다.

이것을 예수님은 아주 쉽게 설명해주셨다. 누가복음 15장에서 예수님은 탕자의 비유로 이 사실을 말씀해 주고 계시다.

아들이 있었다. 사랑받는 아들이었다. 아버지에게는 정말 아끼는 아들이었다. 그런데 자기 마음대로 살겠다고 집을 뛰쳐나갔다. 결국 그 결과로 그의 인생은 망가지고 깨어지고 말았다. 정말 형편없는 인생으로 전락하고 말았다. 나중에는 돼지가 먹는 음식조차 먹기 어려울 정도로 수치스런 존재로 추락하고 말았다. 남이 그를 그렇게 보고 취급하는 것뿐만이 아니라 그 자신도 자신을 그런 비참하고 형편없는 존재로 인정하고 인식하게 되었다. 그래서 돼지우리에서 굶주려 죽기 전에 아버지께로 돌아가야겠다는 마음을 먹게 되었을 때 언감생심 과거의 자리로, 아들의 위치로 돌아갈 것은 꿈도 꾸지 못하고 종으로라도 받아만 주신다면 아버지의 집에는 먹을 것이 풍족하니 적어도 굶어죽지는 않으리라는 생각에 종으로라도 받아만 주신다면 좋겠다고 마음먹고 돌아온 탕자에게, "종으로 저를 받아 주십시오!"라고 잘못을 빌며 무릎 꿇는 아들에게, 아버지는 아무 말도 안 하시고 종에게 좋은 옷과 금가락지를 가져오라 하여 그 아들의 손가락에 끼워 주시며 "소를 잡아라! 내가 잃었던 아들을 되찾았으니 우리가 즐거워하자!"라고 반응하며 잔치를 벌이신다. 즉, 그 탕자를 아들의 자리로 회복시키셨다. 예수님의 이 비유의 말씀은 하나님께서 우리의 잃어버린 가치와 존엄성을 어떻게 회복시키시는가를 가르쳐주시고 계시다.

우리가 구원받고 하나님의 자녀가 되는 순간 환경으로부터 어떤 과거로부터 우리의 상황으로부터 오늘 우리가 잃어버렸던 가치와 존엄성을 하나님이 다 회복시켜 주신다는 믿음으로 살아갈 때 우리는 행복한 인생이고 복 있는 인생일 수 있다. 내가 예수 그리스도를 나의 구주로 영접하고 하나님의 자녀가 되는 권세를 부여받았음은 이미 우리는 복 있는 인생인 것이다. 하나님이 이미 우리를 존귀와 위엄으로 옷을 입히시고 회복시켜 주셨기 때문이다. 그래서 성경 곳곳에 보면 하나님의 자녀를 설명하면서 이렇게 표현한다. 특히 시편의 여러 곳에서 하나님은 우리의 뿔을 다시 세우셨다는 표현이 나온다. 시편 92편 10절에서는 "그러나 주께서 내 뿔을 들소의 뿔같이 높이셨다." 시편 148편 14절 말씀에는 "그가 그의 백성의 뿔을 높이셨으니……"라고 표현하고 있다. 뿔을 높이셨다는 것은 우리의 가치와 존엄성을 주님께서 이미 높이셨다는 의미이다. 회복시키셨다는 뜻이다. 시편 3편 3절에는 조금 다른 표현으로 "여호와여 주는 나의 방패시오 나의 영광이시오 나의 머리를 드는 자이시니이다." 이미 우리의 가치와 존엄성을 높여주신 것이다. 하나님께서 들게 해주셨다는 것이다. 이것이 구원받은 자의 정체성이다.

하나님은 우리의 존엄성을 지키십니다

하나님은 우리의 존엄성을 회복시키시는 것으로 그치시는 것이 아니라 지켜주신다. 하나님은 하나님을 신뢰하고 의지하고 나오는 자들의 존엄성을 지켜주시는 분이시다. 지금도 성령 하나님께서 우리를 존귀하게 여기시고 그 가치를 지켜주고 계시다.

살다 보면 환경이 흔들릴 수 있다. 삶에 어려움이 찾아올 수 있다. 그러나 삶이 어렵고 환경이 흔들리는 것만으로 우리의 인생이 망가지는 것은 아니다. 삶에 어려움이 찾아오고 환경이 흔들려서가 아니라 그럼으로 인하여 우리의 내면이 무너질 때 우리의 삶이 무너지고 망가지게 된다. 똑같은 어려운 환경 가운데 있다고 모든 인생이 다 좌절하고 절망하고 깨어진 인생으로 살아가는 것은 아니다. 좌절하고 쓰러지는 사람도 있지만 당당하고 굳세게 살아가는 사람도 있고 때로는 어려움 속에서 약할 때 강함 주시는 하나님의 크신 능력을 의지하고 오히려 닥쳐온 어려움과 싸우고 극복하고 딛고 일어서 더욱 분발하고 초월함으로써 전화위복의 계기를 맞이하는 사람도 있다. 환경보다 더 중요한 것은 우리의 내면이 어떠하냐이다. 그 어떤 환경적 어려움 가운데 있다할지라도 우리의 내면의 존엄성과 존귀함이 지켜질 수만 있다면 견뎌낼 수 있는 것이다. 그래서 우리를 무너뜨리려고 하는 죄의 세력이 환경의 변화와 어려움을 통해 제일 먼저 공격하는 것이 우리의 가치와 존엄성이다. 우리의 가치와 존엄성을 제일먼저 공략하여 무너뜨리려고 획책한다. 그 결과로 어떤 어려움을 만났을 때 "내가 정말 너무 잘못 살아왔구나!"라는 회의와 자책에 빠지고 무능하다는 생각과 무력감과 무가치함의 늪으로 빠져들게 만든다. 그래서 우리를 수치스럽게 만들어 무너지게 만든다.

이때 우리의 존엄성, 우리의 마음을 하나님이 지켜주신다. 어려운 환경에 빠져들었을 때 그 환경을 바라보고 있는 한 우리는 그 어려움으로부터 벗어나고 이기고 극복할 수 없다. 그때 하나님을 신뢰하고 하나님을 바라보고 하나님께 나아가야 한다. 하나님을 바라보고 하나님께 나아가는 순간 구원의 하나님, 우리를 지키시는 하나님께서 우리의 마음을 지켜주신다. 우리의 마음은 하나님이 지켜주실 때 지켜질 수 있다. 우리의 마음이니까 우리 뜻대로 지킬 수 있는 것이 아니다. 하나님의 권능과 은혜 가운데 있을 때 비로소 우리의 마음이 지켜지고 우리의 존귀와 가치를 잃어버리지 않을 수 있다. 그럼으로 우리가 복된 인생으로 살아갈 수 있는 것이다.

시편에 많이 나오는 고백처럼 하나님을 신뢰하는 자는, 하나님의 의지하는 자는 결코 수치를 당하지 않는다는 고백이 내 입에 있어야 한다. 우리의 마음과 존엄성을 지키시는 분이 바로 우리가 믿는 여호와 하나님이시다. 그래서 하나님을 의지하는 자는 복 있는 자인 것이다.

하나님은 우리에게 존귀와 위엄의 옷을 입혀 주신다.
하나님은 우리의 마음을 지켜주신다.
그렇기에 우리는 복 있는 사람인 것이다.

- 아멘! -

3. 우리는 복 있는 사람입니다

세 번째 : 시편 24 : 1-10

---

1 : 땅과 거기에 충만한 것과 세계와 그 가운데에 사는 자들은 다 여호와의 것이로다
2 : 여호와께서 그 터를 바다 위에 세우심이여 강들 위에 세우셨도다
3 : 여호와의 산에 오를 자가 누구며 그의 거룩한 곳에 설 자가 누구인가
4 : 곧 손이 깨끗하며 마음이 청결하며 뜻을 허탄한 데에 두지 아니하며 거짓 맹세하지 아니하는 자로다
5 : 그는 여호와께 복을 받고 구원의 하나님께 의를 얻으리니
6 : 이는 여호와를 찾는 족속이요 야곱의 하나님의 얼굴을 구하는 자로다(셀라)
7 : 문들아 너희 머리를 들지어다 영원한 문들아 들릴지어다 영광의 왕이 들어가시리로다
8 : 영광의 왕이 누구시냐 강하고 능한 여호와시오 전쟁에 능한 여호와시로다
9 : 문들아 너희 머리를 들지어다 영원한 문들아 들릴지어다 영광의 왕이 들어가시리로다
10: 영광의 왕이 누구시냐 만군의 여호와께서 곧 영광의 왕이시로다(셀라)

흔들리고 방황하는 자녀를 대할 때 지금의 상황이 그 자녀 인생의 결론, 결과의 모습이 아니고 과정 가운데의 모습이라는 사실을 간과해선 안 된다. 이미 결론이 난 것이 아니라 앞으로 얼마든지 변화할 수도 있고 달라질 수가 있다는 사실을 잊으면 안 된다. 따라서 당황하고 다급해하기 보다 사랑으로 기다릴 수 있어야 한다.

그것은 우리 인생도 그렇다. 우리도 모두 인생의 과정 가운데 있다. 현재 진행형이다. 우리의 결론은, 우리 삶의 결론의 모습은 우리가 주님 앞에 나아가 하나님의 심판대 앞에 설 때이다. 지금은 진행 중이고 과정 중에 있는 상태이다.

이때 두 가지를 생각할 수 있다.

하나는 말할 수 없이 어렵고 고통스런 상황에 놓여 있을 때, 아직 결론이 나고 끝을 고한 상태가 아니니 절대로 내일에 대한 소망을 포기해서는 안 된다는 것이다. 절망과 포기는 안 된다. 소망을 잃지 않아야 된다.

또 하나는 모든 조건과 상황이 순조롭고 만족스러운 상태에 있을 때도 이 또한 끝난 것이 아니고 앞으로 어떤 변화와 새로운 곤경이 닥쳐올지도 모른다는 사실을 유념하여 좋을 때도 교만하면 안 되고 내일에도 마찬가지 은혜를 누릴 수 있도록 하나님께 감사하고 겸손해야 한다.

우리의 인생은 그냥 머물러 있는 것이 아니다. 어딘가를 향하여 나아가고 있고 인생이란 바다 위에서 목적하는 곳을 향하여 지속적으로 나아가고 있는 진행형의 상태에 놓여 있다. 이렇게 어딘가를 향하여 진행하고 있을 때는 무엇보다도 그 진행하는 방향이 바르게 잡혀 있느냐 하는 문제가 중요한 것이다. 우리의 삶에서 정말 중요한 것은 내 삶의 방향성에 있다. 지금의 상황과 내용보다 중요한 게 방향이다. 아무리 좋은 조건과 환경 하에 놓여 있어도 방향이 잘못 되어 있으면 복된 인생과는 거리가 있는 것이다. 마치 훌륭한 시설의 놀잇배를 타고 즐기고 있는데 정작 그 배는 폭포를 향해 나아가고 있다면 그 인생을 복되다 할 수 없는 것과 같은 것이다. 방향이 바르게 설정되어 있는 인생이 현재의 삶의 내용과 여건이 어떠한 것과 관계없이 복 있는 인생이다.

이런 관점에서 우리는 신앙인으로서 올바른 방향을 향하고 있다고 생각할 수 있다. 그 근거가 본문 5-6절 말씀에 있다. "그는 여호와께 복을 받고 구원의 하나님께 의를 얻으리니 이는 여호와를 찾는 족속이요 야곱의 하나님의 얼굴을 구하는 자로다."라고 분명히 말씀하고 있다. 다시 말하면 복 있는 자는 하나님을 찾는 자인 것이다. 우리의 삶이 바른 방향 즉 하나님을 향하고 하나님을 바라며 하나님께로 나아가고 있는 인생이 복된 인생인 것이다.

복 있는 사람은 하나님의 얼굴을 구하는 사람입니다

우리의 삶이 과정 중에 있고 진행 중에 있다는 사실을 인정할 때 복 있는 사람은 그 진행방향이 하나님을 향한 것일 때 복이 있는 자인 것이다. 특별히 오늘 본문에서는 '하나님의 얼굴을 구하는 자'라고 말씀하고 있다. 성경에서 하나님의 축복을 받은 자는 '하나님의 얼굴을 향한 자'로 표현되고 있다.

하나님의 얼굴이 그를 향해 있을 때 그는 정말 축복받은 인생이라는 의미이다. 민수기 6장 24-26절 말씀은 흔히 우리에게 '아론의 축복'이라고 알려져 있는 말씀이 나온다. 하나님이 이스라엘 백성에게 복을 내려주시고자 모세를 통해서 대제사장 아론에게 축복을 말씀하신다.

"여호와는 네게 복을 주시고 너를 지키시기를 원하며 여호와는 그 얼굴을 네게 비추사 은혜 베푸시기를 원하며 여호와는 그 얼굴을 네게로 향하여 드사 평강 주시기를 원하노라 할지니라 하라!"라고 말씀하고 있다. 하나님이 복을 주시려는 마음을 하나님의 얼굴을 우리에게 향하고 비춘다고 표현하고 있다.

하나님이 '얼굴을 비추신다.'는 하나님의 사랑과 따듯한 축복의 눈길을 의미한다. 사랑이 가득한 눈길을 우리에게 주심을 의미한다. 부모님의 사랑의 눈길에 걱정과 염려를 내려놓고 선생님의 신뢰의 눈길에 자존감이 높아지고 권력자의 부드럽게 바라보는 눈길에 감격하고 기쁨에 차 흥분하는 것이 우리네 인생에서 흔히 경험할 수 있는 현상일진대 전능의 하나님이시고 천지를 창조하신 여호와 하나님이 축복해 주실 마음으로 바라보시는 그 얼굴을 대하는 사람이 어찌 복 있는 인생이 아닐 수 있겠는가!

하나님이 그를 기뻐하며 사랑의 눈으로 보실 때 그 사람은 복 받는 인생인 것이다. 그것이 우리의 행복이고 축복인 것이다. 속 썩이는 자녀가 때로는 꼴도 보기 싫고 눈도 마주치기 꺼려지고 싫을 수 있다. 그러나 그 자녀가 마음을 바로잡고 자신의 삶에 충실하며 부모의 마음에 흡족한 모습으로 회복되면 부모의 뜻대로 크는 자녀를 바라보는 것이 행복이고 낙인 것이다. 이때 그 행복에 찬 눈길을 받는 자녀는 뿌듯함과 행복감에 휩싸일 것이 틀림없다.

복 있는 사람은 구원의 하나님께 의(義)를 얻은 사람입니다

본문 5절에서는 "그는 여호와께 복을 받고 구원의 하나님께 의(義)를 얻으리니."라고 시편 기자는 고백하고 있다. 성경에는 '동의 반복적 평행귀'가 자주 등장한다. 즉, 같은 뜻, 같은 의미를 조금 다르게 표현한 것을 말한다. 이 말은 복을 받은 사람은 바로 구원의 하나님께 의를 얻은 사람이라는 뜻이다. 구원받은 사람이 바로 복 있는 사람이란 의미이다. 구원은 우리가 원한다고 무조건 받을 수 있는 것이 아니다. 하나님에게 선택되어야 가능하다. 그래서 하나님이 은총을 베푸셔야 우리가 예수 그리스도를 영접하고 하나님의 자녀가 되는 권세를 누릴 수 있게 되는 것이다. 그러니까 구원의 하나님이 우리를 의롭게 하신 것이야 말로 복중의 복인 것이다.

생각해 보아야 할 것은 바로 이런 것이다. 내가 예수님을 믿은 것인가, 아니면 예수님이 믿어져서 믿은 것인가? 내가 예수님을 내 의지적 결단으로 믿는 것이 아니라 하나님이 내 심령을 다스리시고 변화시켜 주시고 은혜 주셔서 그분이 믿어지기에 믿을 수 있는 것이다. 그러니까 구원의 하나님께 의로움을 받아 구원에 이른 것은 정말 복중의 복인 것이다.

구원의 하나님께 의를 얻는다는 것은 어떤 의미일까? 여기서 '의롭다'라는 단어의 히브리 원어에는 '옹호하다. 변호해 준다.'라는 뜻이 포함되어 있다. 내가 누군가로부터 오해받고 비난받는 가운데 있을 때 하나님이 내 편이 되어 주시고 날 보호하고 옹호해 주신다는 의미가 이 '의롭다'라는 말 속에 담겨 있다. 즉, "구원의 하나님께 의를 얻는다."는 말은 "하나님이 우리를 옹호하신다." 라는 뜻이다.

하나님이 내 편이 되어 주셨다는 의미이다. 그리고 나를 옹호해 주시고 변호하시고 지지하신다는 의미이다. 이 하나님이 어떤 분이신가? 세상을 창조하시고, 세상을 주관하시고 세상의 주인이신 그분이 나를 그렇게 옹호해 주시고 지지하시고 그윽이 바라보시는 것이다.

이처럼 복된 인생이 또 어디 있을 수 있을까? 혹시 누군가가 너무 비약적 해석이 아닌가라는 의문을 가질 수도 있을 수 있다. 그런데 신약 성서에도 이와 똑같은 동의 반복적 평행귀가 있다. 로마서 8장 31-33절에도 동의 반복적 표현이 있다. 31절에서 "그런즉 이 일에 대하여 우리가 무슨 말 하리요. 만일 하나님이 우리를 위하시면 누가 우리를 대적하리요."라고 말씀하시고, 또 33절에서는 같은 말을 또 다른 표현으로 "누가 능히 하나님께서 택하신 자들을 고발하리요 의롭다 하신 이는 하나님이시니."라고 말씀하고 있다. 즉, '누가 대적하리요.'와 '누가 고발하리요.'는 같은 의미를 다른 말로 표현한 것이다. 또 '만일 하나님이 우리를 위하시면.'과 '의롭다 하신 이는 하나님이시니.'는 같은 의미의 반복적 표현이다. '하나님이 의롭다 하신다.'는 '하나님이 우리를 위하신다.'와 같은 의미이다.

하나님이 우리 편이 되시어서 나를 옹호해 주시고 지켜주시고 지지해 주시는 인생은 복된 인생이 아닐 수 없다. 하나님이 사랑이 가득한 눈길로 우리를 보고, 우리 편이 돼서 자신을 보호하고 옹호해 주신다. 이 하나님은 어떤 분이신가? 세상을 창조하시고 세상을 주관하시고 삼라만상의 생사화복을 주관하시는 영존하시는 전능의 하나님이시다. 그분이 우리 편이고 내 편인 것이다. 그러니 이런 사람은 세상에 둘도 없는 복된 사람, 복된 인생인 것이다.

이런 사람들이 무엇이 두려울 것이 있겠는가? 그래서 이들은 강력하게 선포한다(7-10). "문들아 너희 머리를 들지어다. 영원한 문들아 들릴지어다. 영광의 왕이 들어가시리로다. 영광의 왕이 누구시냐? 강하고 능한 여호와시오, 전쟁에 능한 여호와시로다. 문들아 너희 머리를 들지어다. 영원한 문들아 들릴지어다. 영광의 왕이 들어가시리로다. 영광의 왕이 누구시냐? 만군의 여호와께서 곧 영광의 왕이시로다(셀라)."라고 노래하는 것이다.

우리의 삶은 진행형이다. 과거와 현재와 미래를 살아가야 한다. 그때 문이 닫쳐있는 벽, 문제를 만날 수 있다. 문이 닫혀 있어서 넘어갈 수 없을 수 있다. 그것은 육체적, 심리적 고통이거나 경제적, 인간적 어려움일 수 있다. 또는 환경일 수도 오랫동안 내 인생을 끈질기게 괴롭히던 상처일 수도 있다. 그래서 내 앞길을 막은 것처럼, 족쇄를 채운 것처럼 우리의 삶 가운데 수많은 어려움이 앞에 놓이고 견디고 극복하기에 벅찬 어려움을 겪으며 좌절하고 넘어지게 됐을 때 하나님이 우리를 홀로 내버려 두시지 않고 사랑의 눈으로 우리를 바라보시면서 우리를 옹호해 주시고 지지해 주시면서 하나님이 우리와 함께 진군하시면서 그 모든 어려움을 내 편이 돼서 극복하게 하신다. 그때 그 하나님의 도우심을 받는 사람들은 그 문 앞에서 좌절하지 않고 그 어려움, 환경을 향해서 선포하고 나아가게 된다. "문들아 머리를 들어라! 영원한 문들아 열릴지어다! 영광의 왕이 들어가신다."라고 외칠 수 있게 되는 것이다.

이는 그 마음 안에 믿음이 있는 자가 외칠 수 있는 신앙고백이고 선포이다. 나의 삶에서 끈질기게 괴롭히던 고난이나 아픔을 향하여 나를 향해 따스한 사랑의 눈길을 주시며 내 편이 되어주시는 하나님을 믿고 신뢰하는 마음으로 어떤 고난이 앞을 가로막을지라도 능히

헤치고 극복하고 승리하며 나아갈 수 있게 된다.

우리는 이미 이와 같은 엄청난 복을 받은 자이다. 우리가 이처럼 큰 복을 이미 받은 자임을 깨닫고 누려야 한다. 세상에 속고 환경에 주눅 들고 속아서 이미 받은 이 축복을 누리지 못하는 자가 되어서는 안 될 것이다.

여호와의 산에 오르고 그의 거룩한 곳에 설 자가 복 있는 사람입니다

그렇다면 이와 같은 축복을 이미 받았다고 어떻게 그리 확신할 수 있는가? 이것은 이러한 축복을 받은 자의 조건을 고백한 본문 3-4절 말씀을 보면 알 수 있다. "여호와의 산에 오를 자가 누구며 그의 거룩한 곳에 설 자가 누구인가? 곧 손이 깨끗하며 마음이 청결하며 뜻을 허탄한 데에 두지 아니하며 거짓 맹세하지 아니하는 자로다."는 복 있는 사람의 조건이다. 그런데 이 말씀을 윤리 도덕적인 조건으로 이해하면 우리에게 매우 큰 부담일 수밖에 없다.

왜냐하면 아무리 생각해도 우리의 손은 종종 너무 더

러울 수 있기 때문이다. 종종이 아니라 너무나 많이, 너무나 자주 우리의 마음이 청결하지 못하기 때문이다. 우리의 마음이 허탄한 데에 쏠릴 때가 너무나 많기 때문이다. 이 말씀을 윤리적인 전제조건으로 받아들이면 절망일 수밖에 없고 자격미달이 아닌 사람이 있을 수 없다. 어느 누구도 여호와의 산에 오른다고 말할 수 없다. 그런데 오늘 이 말씀은 우리들에게 어떤 윤리적인 조건을 말씀하는 것이 아니다. 이 말씀은 어떤 한 종류의 사람을 지칭하는 말씀이다. 구약 성경에서는 그런 사람을 나실 인이라고 말한다.

민수기에서 하나님은 아론을 통하여 하나님이 우리에게 주시고자 하시는 축복을 말씀하신다. 민수기 6장 22절 이후가 아론의 축복의 내용이다. 그런데 이는 민수기 6장 1절에서 21절 말씀이 나온 뒤 그 결론으로 이 아론의 축복 말씀이 나온다. 그런데 이 민수기 1-21절 말씀은 바로 나실 인의 규례에 대한 말씀이다. 다시 말하면 하나님께서 하나님의 얼굴을 비추시는 것과 같은 복을 누구에게 내리시냐 하면 나실 인에게 주신다는 것이다. 나실 인의 원래 의미는 단순히 머리에 삭도를 대지 않고 독주를 마시지 않는 것 같은 조건을 지키는 사람에 그치는 것이 아니다.

나실 인의 원래의 의미에는 두 가지가 있다.

하나는 하나님 앞에 서원한 사람의 의미가 있다. 이 서원은 목사나 선교사가 되겠다는 식의 약속을 의미하기보다는 하나님 앞에 하나님의 기쁨이 되는 삶을 살 것을 약속한다는 의미이다. 그리고 두 번째 의미는 그 약속을 지키기 위하여 구별된 삶을 살아가는 사람이라는 의미이다. 즉 그 서원을 지키기 위해 구별된 삶을 살아가는 자이다. 그 구별된 삶의 모습이 구약의 문화에서는 머리에 삭도를 대지 않는 것으로 드러난 것이다.

그렇다면 우리 모두는 이미 나실 인이다. 왜냐하면 예수님을 자신의 구주로 영접하였다는 사실은 이미 하나님의 뜻에 순종하는 하나님의 자녀가 될 것을 서원한 것이기 때문이다. 즉 내 삶의 방향, 목적이 나 자신을 위한 것이 아니라 "하나님의 영광을 위해 살겠습니다!" 라고 약속한 것이다. 이것이 곧 서원이다. 그리고 그 약속을 갚고 지키며 살고자 노력하는, 세상 사람이 사는 모습과 구별되고 거룩한 사람이기 위해, 비록 연약하지만 열심히 노력하는 모습은 이미 나실 인의 모습인 것이다.

단적인 예로 세상에서는 돈을 줘도 일을 열심히 안 해서 경영자들은 골치를 썩이는데 경영학적 이론에 입각하여 불가사의한 집단은 교회이다. 왜냐하면 이들은 세상의 경영학 이론과는 정반대로 돈을 갖다 바치면서 열심을 다해 섬기고 헌신하기 때문이다. 이런 그리스도인의 모습은 이미 세상과 구별된 거룩의 모습이고 나실인의 모습인 것이다.

정도의 차이가 있어서 그렇지 우리는 이미 구별된 삶을 살아가고 있다. 세상의 기준이라 볼 수 있는 경영이론과는 거꾸로 가는 사람들인 것이다. 이미 우리는 하나님의 기쁨이 되는 삶을 위해 구별된 삶을 살고 있는 나실 인이고, 복 받은 자이고, 복 있는 자이다.

복을 받으라는 말이 아니라 하나님 앞에 서원하고 비록 연약하여 쓰러지고 넘어지고 미끄러질 때도 많지만 그러나 쓰러지되 일어나고자 하는 마음을 잃지 않고 하나님의 얼굴을 향하여 걸어가려고 애쓰고 있는 우리는 이미 하나님이 나를 향해 미소 짓고 계신 나실 인이고 복 받은 자인 것을 깨달으라는 말인 것이다. 그리고 그 하나님의 축복을 받은 사람이 마땅히 누릴 수 있는 기쁨과 감사와 평강을 마음껏 누리는 자가 되라는 의미이다.

이미 하나님이 내 편이신 것을 깨닫고 이를 감사함으로 내가 어떤 상황에 놓여 있다 할지라도 "문들아! 문을 열어라! 영광의 왕이 들어가신다!"라고 선포할 수 있어야 한다. 나는 언제나 혼자가 아니고 전능의 왕이신 하나님이 나와 함께 하심을 반드시 기억하며 "문들아 머리 들어라! 문들아 열릴지어다! 나와 함께 하시는 영광의 왕이 들어가신다!"라고 선포하며 나아가는 인생이어야 한다.

– 아멘! –

4. 우리는 복 있는 사람입니다

네 번째 : 시편 32 : 1-11

1 : 허물의 사함을 받고 자신의 죄가 가려진 자는 복이 있도다
2 : 마음에 간사함이 없고 여호와께 정죄를 당하지 아니하는 자는 복이 있도다
3 : 내가 입을 열지 아니할 때에 종일 신음함으로 내 뼈가 쇠하였도다
4 : 주의 손이 주야로 나를 누르시오니 내 진액이 빠져서 여름 가뭄에 마름 같이 되었나이다((셀라)
5 : 내가 이르기를 내 허물을 여호와께 자복하리라 하고 주께 내 죄를 아뢰고 내 죄악을 숨기지 아니하였더니 곧 주께서 내 죄악을 사하셨나이다(셀라)
6 : 이로 말미암아 모든 경건한 자는 주를 만날 기회를 얻어서 주께 기도할지라 진실로 홍수가 범람할지라도 그에게 미치지 못 하리이다
7 : 주는 나의 은신처이오니 환란에서 나를 보호하시고구원의 노래로 나를 두르시리이다(셀라)
8 : 내가 네 갈 길을 가르쳐 보이고 너를 주목하여 훈계하리로다
9 : 너희는 무지한 말이나 노새같이 되지 말지어다 그것들은 재갈과 굴레로 단속하지 아니하면 너희에게 가까이 가지 아니하리로다
10: 악인에게는 많은 슬픔이 있으나 여호와를 신뢰하는 자에게는 인자하심이 두르리로다
11: 너희 의인들아 여호와를 기뻐하며 즐거워할지어다 마음이 정직한 너희들아 다 즐거이 외칠지어다

수 없이 많은 사람들이 오늘 날 이 땅 가운데 살아가고 있다. 지구상에는 약 70억 명이 살아가고 있고 우리나라에도 남한에서만 약 5천만 명이 살아가고 있다. 그러나 그 수십억의 인구 중 똑같이 생긴 사람이 하나도 없는 것처럼 똑같은 인생을 살아가는 사람은 단 하나도 없다. 너무나도 다양한 인생의 모습이 실재한다는 의미이다. 그렇기 때문에 인생을 논한다는 것은 너무나 난해한 문제가 아닐 수 없다.

개념상으로는 이렇지만 실제 상황에서 굳이 인생의 모습을 나눠본다면 복된 인생과 그렇지 못한 인생으로 나눠 볼 수 있을 것이다. 물론 그 어느 쪽이라고 명쾌하게 판단하기 어려운 사람도 있을 수 있다. 또는 어제는 복되었는데 오늘은 아닌 사람도 있을 수 있다. 그러나 그래도 그냥 두 부류로 나눈다면 행복한 사람과 그렇지 못한 사람으로 나눌 수 있을 것이다.

이 질문에 대답하려면 무엇보다 먼저 필요하고 분명히 해야 할 것이 그 행복의 기준, 복된 인생의 기준이 무엇인가의 문제이다. 행복한 인간과 행복하지 못한 인간을 가르는 결정적 요인이 무엇인가 하는 문제이다.

여러 가지를 생각해 볼 수 있을 것이다. 하지만 가장 중요하고 결정적인 요인은 죄의 문제이다. 이 죄가 복된 인생이냐 그렇지 못한 인생이냐, 행복한 삶의 주인공이 될 것인가 아니면 행복하지 못한 삶을 살아갈 수밖에 없는 인생이 되느냐를 나누는 가장 중요한 요소이다.

왜냐하면 우리 인간은 맨 처음 지어질 때부터 행복한 인생으로, 복된 인생으로 지어졌는데 인간의 삶이 이 죄로 말미암아 오염되고 무너졌기 때문이다. 창세기 1장 27-28절 말씀에 보면 "하나님이 자기 형상 곧 하나님의 형상대로 사람을 창조하시되 남자와 여자를 창조하시고 하나님이 그들에게 복을 주시며 하나님이 그들에게 이르시되 생육하고 번성하여 땅에 충만하라, 땅을 정복하라, 바다의 물고기와 하늘의 새와 땅의 움직이는 모든 생물을 다스리라 하시니라."라고 기록되어 있다.

하나님이 사람을 창조하시고 가장 먼저 우리에게 복을 주셨다. 처음 만드실 때부터 우리는 복된 인생으로 지음 받았던 것이다. 우리가 하나님이 창조하신 자연 만물을 다스리며 행복하고 복된 삶을 누리라고 복을 주셨던 것이다. 그런데 죄가 그 인생 가운데에 들어오면서 문제가 시작됐다. 죄가 인생 가운데 들어와 본래의 창조된 모습을 오염시키면서 우리의 내면이 왜곡되기 시작했다. 그러면서 복된 인생과 거리가 멀어지게 됐다.

따라서 죄가 인간이 하나님께서 창조하실 때의 의도

하신 바대로 복되고 행복한 삶일 수 있느냐의 가장 중요한 요소가 아닐 수 없게 된 것이다. 죄가 인간의 삶에 끼어들기 전에는 행복했었다. 하나님의 아름다운 형상대로 창조되어진 본래 존귀한 존재로서 아름답고 행복을 누리는 삶을 펼칠 수 있었는데, 죄가 개입되면서 오염되기 시작하고 본래의 존귀함이 변질되었던 것이다. 그러면서 복된 인생과는 거리가 먼 현상이 인간에게 일어나게 되었다. 이는 비단 신학적이고 성서적인 측면에서의 의견일 뿐만 아니라 현실적으로도 해당이 되는 생각이다. 우리의 지나온 삶을 돌이켜볼 때 우리가 진정으로 행복을 느낄 수 있었던 때는 언제일까? 그것은 어떤 삶의 환경이나 여건과 상관없이 죄의 영향력으로부터 거리가 멀었을 때이다. 그럴 때 행복하고 기쁨 가운데 있을 수 있었다. 그러나 꼭 자신이 죄를 지었을 때만이 아니라 죄의 공격과 죄의 유혹과 죄의 영향력 가운데 유린당할 때 우리는 처해진 여건과 관계없이 갈등하고 불편을 경험했음을 발견할 수 있다.

그렇기 때문에 우리의 육체와 마음, 우리의 영적인 부분까지 어떤 죄든지 간에 죄의 영향 가운데 있으면 그 인생은 불행하지 않을 수 없다. 어떤 상황일지라도 죄의 영향에 의해 흔들리면 행복할 수 없다. 따라서 우리가 진정으로 복된 삶을 누리고자 한다면 죄의 문제를 바로 처리하지 않으면 안 된다.

죄의 영향력 아래서는 절대로 행복할 수 없습니다

우리는 죄의 영향력을 끊어버려야 한다. 죄에 대한 대비책을 제대로 갖추지 못하고 아무 때나 죄가 우리를 침범할 수 있게 방관하고 신경 쓰지 않는 한 누구도 결코 행복한, 복된 인생일 수 없다. 미리 대비하지 않으면 죄로 인해 영향 받고 유린당하지 않을 수 없다. 그러면 절대로 복된 인생이 될 수 없는 것이다.

그렇기에 죄는 누구나 싫어한다. 그러나 중요한 것은 이 땅에서 살아가는 사람 중 구 누구도 스스로의 힘과 능력으로 죄를 이기고 물리칠 수 있는 자는 단 하나도 없다는 사실이다. 어떤 인간도 죄를 이길 수는 없다. 죄 앞에서 우리는 속수무책(束手無策)일 수밖에 없다. 이것이 인간의 능력의 한계이고 실상이다.

그러나 오직 한 분 죄를 능히 이길 수 있는 분이 계시다. 그분이 바로 전능자이신 하나님이시다. 하나님만이 죄의 문제를 해결하실 수 있다. 왜냐하면 그분은 전능자이시기 때문이다. 그리고 그분이 죄의 문제를 해결하시려고 이 땅에 찾아오셨다. 그분이 바로 '성자 하나님'이신 예수 그리스도이시다. 그리고 그 예수님의 십자가의 역사와 십자가의 은혜를 우리의 마음, 우리의 삶 가운데 지금도 생생하게 역사하도록 도우시는 분이 '성령 하나님'이시다.

그러니까 삼위의 하나님 즉, 성부(聖父) 하나님, 성자(聖子) 하나님, 성령(聖靈) 하나님이 지금도 역사하시는데, 이분들이 역사하시는 것의 가장 중요한 주제는 바로 죄의 문제를 해결하고 죄를 이기게 하는 것이다.

그렇기 때문에 죄에 대하여 대비하거나 죄의 문제를 해결하기 위한 대책은 오직 하나 밖에 없다. 그것은 그분을 믿는 것이다. 이것을 우리가 신앙(信仰)이라 일컫는 것이다. 신앙만이 죄의 문제를 해결할 수 있다. 신앙생활이 우리의 삶 가운데 정말 귀중한 까닭은 그 어떤 이유보다도 바로 이 죄의 문제를 해결해 줄 수 있는 것이기 때문이다.

그렇기에 신앙생활이 더없이 우리에게 소중한 것이다. 물론 죄 때문에 수없이 쓰러지고 고통 받곤 하는 우리들이지만, 그러나 분명한 것은 우리가 신앙 안에 제대로 서기만 한다면, 온전히 하나님 아버지를 의지하기만 한다면, 예수 그리스도의 십자가의 은혜를 제대로 붙잡기만 한다면, 성령님의 역사하심을 오늘 우리들이 제대로 받아들이기만 한다면, 어떤 죄의 영향력이든지 다 이기고 해결 받을 수 있다. 이것이 성서의 가르침이고 우리의 믿음이고 믿음의 선조들의 고백이다. 따라서 신앙인인 우리는 이미 복 있는 사람인 것이다.

그러므로 믿음이 우리 가운데 자리를 잡을 때 마다, 하나님의 은혜를 깨달을 때 마다 그렇기에 기쁨과 감사와 평강을 느끼게 되는 것이다. 죄의 속박에서 벗어나 자유로워진 자로서의 기쁨과 감격이 평강이 있는 것이다.

그런 감격을 가지고 다윗은 시편 32편에서 고백을 하고 있다. 1-2 절을 보면 "허물의 사함을 받고 자신의 죄가 가려진 자는 복이 있도다. 마음에 간사함이 없고 여호와께 정죄를 당하지 아니하는 자는 복이 있도다."라고 다윗은 고백하고 있다. 히브리 원어에 보면 맨 앞에 '복이 있도다!'라는 동사가 나온다. "앗쉬레 하잇쉬!(얼마나 복 있는 사람인가!)"라고 감탄하고 있는 것이다. 이 내용은 다윗 자신을 오랫동안 고통받아왔던 죄의 문제가 하나님 앞에서 해결된 기쁨과 감격과 감사를 고백하고 있다.

다윗의 고백 가운데 죄가 세 가지로 표현되고 있다.

그 하나가 '허물'이라는 표현이다. 이 단어의 어원을 보면 하나님에 대한 거역, 권위에 대한 반항이란 의미가 있다. '죄'는 진리를 떠나 어떤 어리석은 행동을 범하는 것이고, '정죄'라고 하는 단어는 악함, 추함의 뜻이 담겨 있다. 즉, 다윗이 여기서 고백하는 죄는 어떤 특정한 죄이기보다는 인간이면 누구나 범할 수 있는 보편적인 죄를 말하고 있다.

특별히 성경에서 보면 우리 인간들이 범할 수 있는 보편적인 죄를 몇 가지로 표현하는데, 가장 많이 성경에서 말하는 죄는 '범죄 함'이라는 말로 표현되고 있다. 하나님 앞에서, 공의 앞에서, 우리의 선한 양심 앞에서 행하지 말아야 할 것을 행하거나 행하고 있을 때 그것을 총칭해서 '범죄 함'이라 부른다. 이것이 죄인 것이다.

또 한 가지는 '악함'이란 표현이 있다. 또는 '훼방'이란 표현으로 쓰이기도 하는데, 이 '악함'은 마음이 삐뚤어져서 계속 엇나가는 것을 의미한다. 가지 말아야 할 쪽으로 우리의 마음이, 우리의 정서가 행해지는 것을 '악함'이라 한다. 사랑하고 화목한 것으로 방향을 잡고 우리의 마음이 흐르는 것이 아니라 갈등하고 분노하는 데로 우리의 마음이 흐르고 있고, 적대적인 것으로 우리의 마음이 흐를 수 있다. 그래서 성경에서는 종종 '악함'을 이야기 할 때 '훼방'이라는 말로 표현하기도 한다. 뭔가 뒤집고 삐딱하고 악하고 훼방하고픈 동기가 생기는 것을 성경에서는 죄라고 말하고 있다.

그리고 또 한 가지 죄는 '영적 무지'이다. 하나님에 대하여 영적으로 빗나가고 혼돈스럽고 메마른 것이다. 이런 것들을 성경에선 모두 죄라고 말한다.

그런데 현실적으로 이런 죄의 흔적들이, 영향들이 우리 가운데에 있으면 우리는 절대로 행복할 수가 없다. 이런 죄의 문제가 해결되지 않으면 절대로 복된 인생을 살아갈 수 없다. 찬양하고 기도하고 예배드리고 그래서 내 안에 기쁨이 막 올라오다가도 이런 죄의 문제가 대두되고 그 영향 가운데 휩쓸리게 되면 한 순간에 기쁨과 감사와 행복감이 사라져버리게 된다. 정말 우리가 행복하고 복된 인생을 살아가기 위해서는 이러한 죄의 문제들이 해결 되고 이런 죄의 공격, 영향력으로부터 벗어날 수 있어야 한다. 자유로워지고 해결 받아야 된다.

죄에 대한 해결방법은 단 하나밖에 없습니다. 하나님 앞에 가지고 나아가야 합니다

그렇다면 어떻게 이 죄의 문제를 해결 받을 수 있을 것인가? 본문 3-5절에서 시편 기자의 고백을 통하여 하나님이 그 해결 방법을 말씀해주고 계시다. "내가 입을 열지 아니할 때에 종일 신음하므로 내 뼈가 쇠하였도다. 주의 손이 주야로 나를 누르시오니 내 진액이 빠져서 여름 가뭄에 마름같이 되었나이다(셀라). 내가 이르기를 내 허물을 여호와께 자복하리라 하고 주께 내 죄를 아뢰고 내 죄악을 숨기지 아니하였더니 곧 주께서 내 죄악을 사하셨나이다(셀라)." 죄의 영향력을 우리로부터 끊어 버리거나 죄로 인한 고통과 아픔 등 그 모든 짐들을 잊을 수 있는 유일한 방법은 그 모든 것을 그냥 내가 품고 있거나 숨기고 있거나 아무것도 아닌 것처럼 그냥 가지고 있는 것이 아니라 하나님 앞에 가지고 나아가서 해결해 주시기를 간구해야 한다는 것이다. 그 죄가 어떤 것이든지 관계없이 그 죄를 해결할 수 있는 유일한 방법은 하나님 앞에 가지고 나아가야 한다는 것이다. 해결해 주실 때까지 간절한 마음으로 '이것은 오직 하나님밖에 해결해 주실 수 없습니다.'하고 간구하며 기도해야 한다. 이것이 죄에 대하여 신앙인이 가져야 할 가장 중요한 태도이다.

찬송가 280장은 감리교 창시자이신 요한 웨슬리 목사님의 동생인 찰스 웨슬리 목사님이 가사를 썼다. 그리고 곡은 스코틀랜드 민요이다. 이를 우리 신앙의 선조들이 사랑하였던 것은 무엇보다 그 가사 내용에 담겨 있는 신앙고백 때문일 것이다.

"천부여 의지 없어서 손들고 옵니다." 이는 내가 애쓰고 별별 노력을 다해 보았지만 실패했음을 고백하는 것이다. '이젠 더 이상 내가 할 수 있는 것이 아무것도 없어 하나님께 손들고 옵니다.'라고 자백하는 것이다.

"주 나를 박대하시면 나 어디 가리까?" 너무나 절절한 가사이다.

"내 죄를 씻기 위하여 피 흘려주시니, 곧 회개하는 맘으로 주 앞에 옵니다."

이 고백 시에서 우리가 보고 깨달아야 할 것은 이와 같은 태도가 죄를 해결 받고 용서받는 가장 기본적인 태도라는 것이다. 이 길이 죄의 영향력 앞에서 살아남을 수 있는 길이다. 비굴하고 비참하고 처참할지라도 답답해 죽을 지경이라도 우리가 죽을 때까지 주 앞에 나오라는 것이다. 필요하다면 새벽도 깨우고, 금식도 하고, 철야도 하고, 주님 앞에서 울부짖었던 한나처럼 하나님 앞에 나아가는 것이 우리가 죄의 영향으로부터 벗어나 자유로울 수 있는 유일한 방법이다. 치열하게 죄와 싸우고 하나님께 토설하고 매어달려야 한다.

죄의 문제를 가지고 있으면서 하나님 앞에서 자칫 우아한 척 해서는 안 된다. 목을 굳게 세우고 뻣뻣하면 안 된다. "해결해 줄려면 해결해 주시구요." 같은 태도가 아니라 치열하게 하나님 앞에 씨름하는 사람이어야 한다. "주님이 안 도와주시면 난 갈 데가 없습니다. 주 나를 박대 하시면 나 어디 가리까?"라고 죽기 살기로 붙잡고 매달리는 심정으로 주님께 나아가야 한다. 오늘 본문 3절 말씀에서도 "내가 죄를 토설치 않았을 때 온종일 뼈가 녹아내리는 고통 가운데 있도다."라고 고백하고 있다.

새 번역에는 더욱 이해하기 쉽게 기록되어 있다. "내가 입을 다물고 죄를 고백하지 않았을 때에는 온종일 끊임없는 신음으로 내 뼈가 녹아내렸습니다." 그러니까 내가 어떤 죄를 지었든지 그것을 그대로 가지고 있으면 그로 인하여 아프고 괴로울 수밖에 없고 절대로 복된 인생을 살아갈 수 없는 것이다.

하나님은 하나님께 진실로 드리는 간구를 절대로 외면하시지 않으신다. 우리가 제 풀에 포기하지만 않는다면 하나님은 반드시 응답하신다. 그래서 죄의 문제를 해결해 주신다.

어떻게 해결해 주시는가 하면,

하나님은 허물을 사해 주시고 죄를 가려주시는 은혜를 주십니다

두 가지로 해결해 주신다. 1절 말씀을 보면 "허물의 사함을 받고 자신의 죄가 가려진 자는 복이 있도다."라고 고백하고 있다. 우리가 하나님 앞에 간구할 때 하나님께서는 그것을 사해주신다. 사함의 은혜를 받게 된다. 원어를 보면 '사하다'는 '들어서 옮겨 주신다.'는 뜻이다.

하나님은 우리가 우리의 어려움과 괴로움을 아뢸 때, 우리의 어깨를 짓누르던 그 질고들을, 무거운 짐을 옮겨 주시는 은혜를 베푸신다. 우리의 내면 가운데 있는 아픈 정서와 고통들을 하나님께서 들어서 다른 곳으로 옮겨 주심으로 해결해 주신다. 우리를 그토록 괴롭히던 걱정과 근심, 말 못할 염려, 그것 때문에 무너져 내릴 것 같은 우리의 절망들을 주님 앞에 내려놓고 해결해 주실 것을 간구하면 주님께서 멍에를 옮기시듯 들어서 옮겨 주신다.

하나님은 바로 사함의 하나님이시다. 사함의 은혜를 입게 된다. 하나님 앞에 나아와 우리가 갖고 있는 죄의 문제를 간절한 마음으로 토설하면 하나님께서는 그 문제가 어떤 문제이든지 그것을 들어서 옮겨주시고, 우리는 무거운 짐과 질고로부터 해방되고 자유해지는 사함의 은혜를 경험하고 누리게 된다. 이때 평강이 찾아오고, 기쁨이 찾아오고 그때 비로소 우리는 행복을 누릴 수 있게 되는 것이다.

또 한 가지는 죄가 가려지는 은혜를 베푸신다. 가려진다는 말은 덮어준다는 의미이다. 가려줌의 은혜를 입게 된다. 하나님께 우리의 부끄러움과 수치, 상함과 깨어짐을 하나님 앞에 내어놓으면 하나님께서 그것을 가려주시고 덮어주신다. 잊을 만하면 찾아와서 내 인생을 괴롭게 하는 것들, 기억하고 되돌리고 싶지 않은 상처들이 나를 찾아와 나를 부끄럽게 만들고 오염시키고 왜곡시켜 그로 인해 우리가 어려움을 겪고 흔들리고 쓰러지게 될 때마다 하나님 앞에 그것을 내어놓고 맡기면 하나님께서 그것을 가려주시고 덮어주신다. 어떤 형벌처럼 나를 낙인찍은 어떤 모습들, 생각날 때마다 자꾸 자꾸 비참해져서 행복과는 먼 인생을 살아갈 때마다 그 문제를 하나님 앞에 가지고 나아가 아뢰면 하나님이 그것을 덮어주시고 가려주신다. 히브리서에서는 "흔적도 없이 지워주신다."라고 기록하고 있다. 이것이 '가려짐의 은혜'이다.

에데 동산에서 죄를 지었던 아담과 하와를 하나님께서 책망하시면서도 말할 수 없이 큰 죄를 범한 그들에게 가죽 옷을 입혀서 그들을 보호하셨듯이 하나님의 이용서와 가려주심의 은혜는 지금도 실제적으로 우리 가운데 존재하는 능력이다. 그것을 오늘 본문에서는 '사함의 은혜'와 '가려짐의 은혜'로 고백하고 있다.

이 두 가지 은혜는 하나님 앞에 나아가는 자, 하나님 앞에 토설하는 자, 하나님 앞에 간구하는 자는 반드시 받을 수 있고 받아야만 하는 은혜이다. 그렇기 때문에 우리는 어떤 문제가 있다면, 고통이 있다면, 어떤 죄의 영향력 가운데 끊을 수 없는 괴로움이 있을 때 하나님 앞에 가지고 나아가면 '사함의 은혜'와 '가려짐의 은혜'를 통해서 우리가 그러한 것들로 부터 자유로워진다. 그때 임하는 것이 기쁨이고, 그런 기쁨 가운데 살아가는 사람을 '복된 삶'이라 부르는 것이다.

이때 "용서받을 때 행복 있네! 값있는 인생을 살게 하신 주!"라고 찬양할 수 있게 된다. 우리가 살면서 가장 행복을 느낄 수 있는 상황은 바로 용서받을 때이다. 다른 말로 표현한다면 죄의 문제를 해결 받을 때이다. 내가 무엇인가를 잘못해서 용서받을 때만을 의미하는 것이 아니라, 죄의 짐, 죄의 영향력, 죄의 어떤 공격 때문에 형성되었던, 내 어깨를 짓누르고 있던 그 죄의 짐이 나로부터 떨어져 나가는 '사함의 은혜'를 받고, 내 고통스러운 기억이, 내 아픈 상처가 '가려짐의 은혜'로 나로부터 떨어져 나가는 것을 의미한다. 그래서 그런 어둡고 무거운 문제가 내 인생에 더 이상 영향을 미칠 수 없게 되었을 때 진정으로 행복한 사람이 된다. 고린도 후서의 "보라! 이전 것은 지나가고 새로운 피조물이 되었도다!"라고 하신 말씀이 나의 삶에 일어나게 되는 것이다. 이것이 바로 복된 인생이고 하나님의 자녀들이 갖는 특권인 것이다.

우리는 이미 복 있는 사람임을 잊지 않고 주 안에서 기쁨과 감사함으로 누리는 자가 되어야 한다. 우리는 마땅히 행복하고 복된 삶을 누려야 한다. 왜냐하면 우리는 신앙인이기 때문이다. 하나님께서 허락하신 이 권리를 마음껏 누리는 인생이 되어야 한다. 신앙인으로서의 감격과 감동이 늘 넘치는 삶이어야 한다.

- 아멘! -

5. 우리는 복 있는 사람입니다

다섯 번째 : 시 편 65 : 1-13

1 : 하나님이여 찬송이 시온에서 주를 기다리오며 사람이 서원을
주께 이행하리이다
2 : 기도를 들으시는 주여 모든 육체가 주께 나아오리이다
3 : 죄악이 나를 이겼사오니 우리의 허물을 주께서 사하시리이다
4 : 주께서 택하시고 가까이 오게 하사 주의 뜰에 살게 하신 사
람은 복이 있나이다 우리가 주의 집 곧 주의 성전의 아름다
움으로 만족하리이다
5 : 우리 구원의 하나님이시여 땅의 모든 끝과 먼 바다에 있는 자가 의지할
주께서 의를 따라 엄위하신 일로 우리에게 응답하시리이다
6 : 주는 주의 힘으로 산을 세우시며 권능으로 띠를 띠시며
7 : 바다의 설렘과 물결의 흔들림과 만민의 소요까지 진정하시나
이다
8 : 땅 끝에 사는 자가 주의 징조를 두려워하나이다 주께서 아침
되는 것과 저녁 되는 것을 즐거워하게 하시며
9 : 땅을 돌보사 물을 대어 심히 윤택하게 하시며 하나님의 강에
물이 가득하게 하시고 이같이 땅을 예비하신 후에 그들에게
곡식을 주시나이다
10: 주께서 밭고랑에 물을 넉넉히 대사 그 이랑을 평평하게 하시
고 또 단비로 부드럽게 하시고 그 싹에 복을 주시나이다
11: 주의 은택으로 한 해를 관 씌우시니 주의 길에는 기름방울이
떨어지며
12: 들의 초장에도 떨어지니 작은 산들이 기쁨으로 띠를 띠었나이다
13: 초장은 양 떼로 옷 입었고 골짜기는 곡식으로 덮였으매 그들
이 다 즐거이 외치고 또 노래하나이다

시편 65편은 "하나님이여! 찬송이 시온에서 주를 기다리오며……"로 시작된다. 읽을수록, 묵상할수록 정말 기가 막힌 표현이다. 새 번역에는 "하나님! 시온에서 주님을 찬양함이 마땅한 일이니……."로 번역되어 있다. 내용은 같지만 맛은 없어졌다. 설명은 쉬워졌으나 표현의 멋이 사라졌다.

이 멋진 시적인 표현을 가만히 묵상하다 보면 몇 가지 이해가 되지 않는 부분들이 있다. 하나는 주님이 찬송을 기다리는 것이 아니고, 또 내가 주님을 기다리는 것도 아니고, 나의 입으로부터 나온 찬송이 주님을 기다린다고 고백하고 있다.

기가 막힌 표현이라고 말하는 것은 시적인 아름다운 표현 때문만이 아니다. 이 표현에는 참된 예배자의 마음이 어떠해야 되는지, 참되게 예배드리는 자의 정서와 그 영성이 어떠해야 되는지를 정말 잘 담고 있는 표현이기 때문이다. 이 "하나님이여! 찬송이 시온에서 주님을 기다리오며……"라는 고백에는 우리가 온전한 예배자로 하나님 앞에 설 때 우리가 반드시 알아야 할 아주 중요한 신앙적인 요소가 이곳에 담겨 있다.

하나님은 참된 예배자를 찾으십니다

먼저 이곳에 담겨 있는 것은 예배에 대한 간절한 사모함이다. "찬송이 시온에서 주님을 기다리오며……"에서 찬송이 주를 기다린다는 것은 예배에 대한 간절한 사모함이 그대로 배어 있는 표현이다. 그리고 예배에 있어서 가장 중요한 마음 가운데 하나는 바로 사모함이다. 왜냐하면 사모함이 없는 예배는 형식적이고 습관적인 예배에 빠지게 되기 때문이다.

그래서 사모함이 빠진 예배는 예배라고 말할 수 없다. 혹시 예배라고 부른다 할지라도 그것은 하나님에 대한 경멸일 뿐이다. 이 말씀은 성경 곳곳에서 하나님이 통탄하시는 말씀으로 등장한다. 하나님께서 선지자들을 향해서 정말 가슴 아파하시고 통탄하시며 말씀하셨던 것 중 하나가 마음은 없고 몸만 제단 앞에 와 있는, 사모함이 결여된 예배를 받으실 때였다.

이사야서 29장 13절을 보면 "주께서 이르시되 이 백성이 입으로는 나를 가까이 하며 입술로는 나를 공경하나 그들의 마음은 내게서 멀리 떠났나니 그들이 나를 경외함은 사람의 계명으로 가르침 받았을 뿐이라."라고 마음에 없는 예배에 대하여 말씀하시며 형식적이고 습관적으로 예배의 자리에 나온 자들에 대하여 하나님이 마음 아파하심을 말씀하고 있다. 하나님은 형식적이고 습관적인 예배를 싫어하신다. 그래서 그런지 시편 여러 곳에서의 예배에 대한 말씀의 아주 중요한 공통점은 바로 '사모함'이다.

시편 27편 4절에는 "내가 여호와께 바라는 한 가지 일 그것을 구하리니 곧 내가 내 평생에 여호와의 집에 살면서 여호와의 아름다움을 바라보며 그의 성전에서 사모하는 그것이라."고 고백하고 있다. 3절에서는 위급한 전쟁 가운데에서도 두렵지 아니하고 여전히 태연할 수 있음은 자기의 관심이 적이 공격하는 것에 있지 않고 예배하는 것에 있고, 바로 하나님만 바라고 사모하는 마음이 있기 때문임을 고백하고 있다. 자신을 둘러싸고 있는 환경이 전쟁과 같이 요동쳐도 하나님을 사모하는 마음 가운데 있을 때 평안할 수 있음을 고백하고 있다.

시편 73편 25절을 보면 "하늘에서는 주 외에 누가 내게 있으리요. 땅에서는 주밖에 내가 사모할 이 없나이다."라고 사모할 이는 주님밖에 없다고 노래하고 있다

참된 예배는 사모함이 가장 중요하다. 영적 갈망이, 영적 호기심, 영적 기대가 있는 예배이고 예배자여야 한

다. 이런 내용이 “하나님이여! 찬송이 시온에서 주를 기다리오며…….”라고 고백한 글 속에 담겨 있는 것이다.

그리고 이 “하나님이여! 찬송이 시온에서 주를 기다리오며…….”라는 고백에는 예배에 있어서 아주 중요한 기본이 되는 주권 신앙이 그대로 담겨져 있다. 즉, 예배의 주권이 하나님께 있음을 말하고 있다.(주권신앙) 이것은 “하나님이 받으셔야 만이 예배가 된다.”라는 신앙이다. 또한 하나님이 임재하셔야 예배인 것이다. “하나님이여! 찬송이 시온에서 주를 기다리오며……”라는 고백에는 하나님의 임재하심에 대한 갈망이 담겨 있다. 하나님께 찬양을 드리고 하나님을 찬송하고 경배 드리면 예배인 것이 아니라, 하나님이 임재하셔야 비로소 예배인 것이다. 예배는 주님이 임재하시길 기다려야 한다.

예배가 예배다워지려면 결국 그 주권은 하나님께 있는 것이다. 내가 이렇게 경배하였으니까, 내가 찬송하고 찬양하고 기도하였기 때문에 그것이 예배가 될 수 있는 것이 아니라, 우리의 간구와 기도와 경배를 하나님이 받으실 때 비로소 그것이 예배인 것이다. 예배의 완성은 우리의 찬양과 경배를 하나님이 받아주실 때 이루어진다. 이것이 주권신앙이고, 이런 신앙고백이 이 고백에 담겨져 있다.

그리고 예배자의 특권을 말하고 있다. 예배자의 축복이 들어 있다. "하나님이여! 찬송이 시온에서 주를 기다리오며……."라는 고백은 우리가 하나님의 임재를 기다린다는 의미이다. 우리가 예배를 드렸지만, 하나님께서 우리에게 찾아오시고 역사하시고 은혜 주시기를 기다리고 있는 것이다. 이것은 "예배의 완성은 오직 하나님께 있습니다."라는 주권 신앙이면서 동시에 하나님의 임재를 기다릴 수 있다는 사실이 예배를 드리고 있는 우리가 가지고 있는 특권이고 축복이기도 한 것이다.

어떻게, 왜 이것이 우리들의 특권이고 축복인 것일까? 그것은 아버지를 아무나 기다릴 수 있는 것이 아니기 때문이다. 집에서 아버지를 기다릴 수 있고 기다려도 되고 기다려야 하는 존재는 그 아버지의 자녀뿐인 것이다. 아버지는 자녀만이 기다릴 자격이 있는 법이다. 아무나 자기가 원한다고 아버지를 기다릴 자격이 있는 것이 아니다. 그 아버지의 자녀만이 그 아버지가 집에 오시기를 기다릴 수 있는 자격이 있다. 다시 말하면 자녀는 아버지를 만날 수 있는 약속이 주어져 있는 존재이다.

이 말은 동일하게 우리가 드리는 예배에도 적용될 수

있다. 아무나 예배드릴 수 있는 것이 아니다. 아무나 예배드린다고 하나님이 임재하시고 그 예배를 받으시고 흠향하시는 것이 아니다. 아무나 찬송할 수 있는 것이 아니다. 하나님의 자녀만이 예배할 수 있고, 하나님의 자녀만이 찬양할 수, 찬양드릴 수 있고 하나님의 임재를 기다릴 수 있는 것이다. 이런 약속이 주어져 있는 존재가 예배자이다. 아무나 예배하고 찬송할 수 있는 것이 아니다.

그렇기 때문에 하나님을 기다린다는 것은 하나님의 자녀만이 가질 수 있는 엄청난 특권이고 예배자에게 주어진 축복이다. 얼마나 큰 축복이고 특권인가는 4절에 하나님께서 다윗의 고백을 통하여 보다 구체적으로 말씀하고 있다. "주께서 택하시고 가까이 오게 하사 주의 뜰에 살게 하신 사람은 복이 있나이다. 우리가 주의 집 곧 주의 성전의 아름다움으로 만족하리이다."라고 고백하고 있다. 이를 히브리어 원어에서는 동사가 제일 먼저 나온다. 즉 '앗쉬레'("얼마나 복된 사람인가! 이 사람은 정말 복된 사람이로다!")라는 감탄사가 문장의 첫 머리에 나오는 것이다. 누가 그렇게 복이 있는 사람인가는 그 뒤에 나온다. "주께서 택하시고 가까이 오게 하사 주의 뜰에 살게 하신 자여!"라고 고백하고 있다. 그렇다면 그 사람은 누구인가? 바로 예배자이다. 그래서 예배자는 복 있는 인생이다. 예배자로 선 우리는 그래서 복 있는 사람인 것이다.

예배가 우리 삶에 가장 중요한 우선순위가 되어야 합니다

우리는 창조주가 아니고 피조물이다. 피조물은 창조주의 창조섭리에 따라 창조 목적에 따라 살아야 한다.

우리가 인생길에서 무엇인가 할 수 있는 일을 열심히 해서 아름다운 흔적을 남긴다는 것은 가치 있는 일임에 틀림없다. 공부를 할 수도, 연구를 할 수도, 거제도 앞의 외도의 정원이나 제주도의 '생각하는 정원(분재 예술원)'처럼 삶의 열매를 맺는 것이 중요하고 가치 있는 일인 것은 분명하다. 가정을 이루고 자녀를 잘 키우고 양육하는 일도 의미 있고 가치 있는 일임에 틀림없다. 시간을 내서 가족 친지들과 여가를 즐기는 것도 우리의 인생 가운데 기쁨일 수 있다. 이런 것이 곧 우리의 하루하루의 삶이고 이런 것들이 모여져서 그 사람의 인생을 이룬다.

그러나 잊지 말아야 할 것은 이 모든 것이 가치 있고

의미 있는 일이긴 하지만 우리는 창조주가 아니라 피조물이기 때문에 이것보다 더욱 중요한 것이 더욱 기본적이고 가치 있는 일이 우리에게 주어져 있다는 점이다. 이런 인간적인 측면에서의 의미와 가치 보다 더 우선하여야 할 것이 있다는 사실이다.

이것을 이사야 43장에서 "이 백성은 내가 나를 위해 지었나니, 나를 찬송하게 하려 함이라."라고 하나님께서 말씀하시고 계시다. 즉, 하나님이 이 세상을 창조하신 후에 하나님의 형상을 닮은 인간을 특별히 창조하시고 흐뭇해 하셨던 이유에 대해 말씀하고 계시다. 우리 인간의 존재 목적을 창조주가 말씀하고 계신 것이다. 하나님을 찬송하고 예배하는 존재로서 우리를 창조하신 것이다.

요한복음 4장에서도 이러한 사실을 또한 분명하게 말씀하고 계시는데 23절을 보면 "아버지께 참되게 예배하는 자들은 영과 진리로 예배할 때가 오나니 곧 이 때라. 아버지께서는 자기에게 이렇게 예배하는 자들을 찾으시느니라."라고 말씀하고 있다. 하나님은 지금도 하나님을 예배하는 자를 찾으신다. 왜냐하면 그것을 위해 우리를 창조하셨기 때문이다.

그래서 우리의 삶 가운데에는 참으로 가치 있고 의미 있는 일이 많이 있으나 그 어떤 것보다도 우선순위의 가장 앞머리에 두어야 할 것은 바로 예배하는 것이고 '하나님 제일주의'로 살아가는 것이다. 즉, 우리 삶에 있어서 예배가 가장 우선순위의 할 일인 것이다.

그렇다면 하나님은 왜 우리를 예배하는 자로 창조하셨을까? 예배가 없어지면 하나님께 곤란한 일이 생겨 안 되기 때문이었을까? 하나님에겐 우리 인간의 예배가 꼭 필요한 일이었기 때문일까? 이것은 그야말로 대단한 착각이다.

하나님은 우리가 예배하지 않으면 예배가 없어지기 때문에 우리를 지으신 것도 아니고, 하나님께서 하나님을 찬송하고 받들고 찬양함으로 영광 받으실 필요가 있기 때문에 우리를 창조하신 것도 아니다. 하나님께서 기뻐하실 일을 우리가 행하도록 하나님이 우리에게 명령도 하시고 권면도 하시고 요청도 하시는 것은 그것은 하나님의 필요에 의해서, 하나님의 유익을 위해서 그리하신 것이 아니다. 이 땅과 우주 만물을 창조하신 하나님이 우리가 행하는 그 작고도 적은 행위가 필요하셔서 우리에게 그리 명하신 것이 아니다. 무한하신 하나님의 능력 앞에서 우리의 예배와 경배는 태평양에 물 한 컵 붓는 것만큼의 영향도 없는 것이다.

그럼에도 불구하고 하나님께서 오늘 우리에게 하나님을 기쁘시게 하는 자가 되라고 말씀하시는 이유는 단 한 가지 이유 때문이다. 그것은 우리를 사랑하시기 때문이다. 우리가 이 땅 가운데에서 하나님의 사랑 안에 행복한 인생으로 살아갈 수 있기를 원하시기 때문이다. 이것을 방해하고 하나님과 우리 사이를 가려 우리로 하여금 복 있는 사람으로서의 삶에서 벗어나 불행 가운데 살고 그럼으로 인해 우리를 더없이 사랑하시는 하나님을 깊은 탄식 가운데 계시게 획책하는 것이 죄이다.

그런데 이 죄는 묵상하면 할수록 멀어지는 것이 아니라 더욱 가까이 다가온다. 어두움은 묵상하면 묵상할수록 더욱 어두움에 빠져들게 되어 있다. 그러니까 내가 죄를 짓지 말아야 되겠다고, 죄와 멀어져야 되겠다고 자꾸 죄를 생각하고 애를 쓰면 쓸수록 나도 모르게 그 죄의 영향 가운데 빠져 들어가게 된다.

그런데 하나님께서 오늘 우리에게 주신 그 선하신 명령에 따라 내가 부족하지만 순종하고 자꾸 내가 순종의 길로 걸어가다 보면 나도 모르는 사이에 죄로부터 멀어지게 된다. 그러므로 우리가 하나님의 사랑을 받는 존재로 왜곡됨 없이 이 땅 가운데에서 살아갈 수 있게 된다.

이것이 하나님께서 오늘 우리를 예배자로 부르신 목적이다. 하나님이 예배할 것을 명하신 것은 바로 우리를 위함인 것이다. 그래서 성경에서는 "앗쉬레! 하잇쉬!", "참으로 복 되도다! 얼마나 복된 인생인가!"라고 고백하고 있는 것이다. 주께서 더 가까이 하게 하시고 주님의 품안에 안기어서 하나님을 예배할 수 있는 존재는 복된 존재인 것이다. 그래서 예배자는 복된 인생이고, 오늘 예배드리는 우리는 복 있는 사람인 것이다.

그렇기 때문에 우리가 살아감에 있어서 여러 가지 중요한 일들이 많이 있지만 가장 우선순위에 놓아야 하는 것이 예배자로 이 땅 가운데 서는 것이다. 적어도 내가 신앙인이라고 한다면 말이다.

우리 믿음의 선배들이 그런 분들이었다. 로마에 가면 카타콤이라고 하는 지하 무덤이 있다. 또 터키의 갑바도기아라는 곳에 가면 지하에 수많은 동굴들이 있다. 그곳에 가보면 우리들의 신앙의 선조인 초대 그리스도인들이 남긴 흔적을 볼 수 있다. 이들은 왜 땅 속 깊은 곳까지 굴을 파고 그곳으로 숨어들어 갔을까? 이유는 단 한

가지이다. 예배드리기 위해서였다. 예배 좀 제대로 드리기 위해서였다.

온전한 예배를 드리기 위해서였다. 그들의 삶의 형편은 마음대로 마음껏 예배를 드릴 수 없었기 때문이다. 핍박을 피해 예배드리기 위해 무덤으로 들어갔던 것이다. 예배를 소중히 여기고 그들의 인생 가운데 예배가 가장 중요한 우선순위에 자리 잡았기 때문에 그 어둡고 좁고 답답한 지하 무덤으로 기어서라도 기꺼이 기쁨 마음으로 들어갔던 것이다. 그들의 행동 가운데에는 "내가 예배만 드릴 수 있다면 그것만으로도 너무 감사하고 행복합니다."라는 고백이 담겨 있다. 이 모습이 바로 참 신앙인의 모습이고, 복된 삶의 아름다운 모습이다.

인간은 무엇보다 우선하여 하나님의 사랑을 받아야 하고, 하나님을 사랑하는 하나님과의 친밀한 관계가 유지되어야 한다. 이 통로가 예배이다. 따라서 예배만으로 얼마든지 행복할 수 있어야 한다. 우리의 삶에 혼동과 혼돈이 오는 것은 삶의 목적과 그것을 이루는 방법이 혼란이 올 때이다. '인간의 존재 이유와 목적이 무엇인가?'가 분명하면 혼란이 없을 수 있다. 그렇기에 믿음의 선진들은 예배만 드릴 수 있으면 행복해 했다. 심지어 무덤 속에서도.

예배자에게는 복이 있습니다

예배하는 자에게 그렇다면 어떤 역사가 일어날까?

첫 번째로 하나님이 응답하시는 역사가 예배의 현장 가운데에 일어난다. 2절에 "기도를 들으시는 주여 모든 육체가 주께 나오리이다."라고 고백하고 있다. 하나님은 예배자의 간구에 귀를 기울이시고 응답하신다. 그런데 내가 원하는 대로가 아니라 우리를 위하는 대로 응답을 하신다. 나를 위하는 방법으로 응답하신다. 이 첫 번째 복으로 인해 두 번째 복도 가능하게 된다.

두 번째로 우리의 내면을 회복시키시는 역사가 일어난다. 3절 말씀에 "죄악이 나를 이겼사오니 우리의 허물을 주께서 사하시리이다."라고 고백하고 있다. "죄악이 나를 이겼사오니…….."는 새 번역에는 "저마다 지은 죄 감당하기에 너무 어려울 때에 오직 주님만이 그 죄를 용서하여 주십니다."로 번역되어 있다. 다시 말하면 '저마다 지은 죄를 감당하기에 너무 어려울 때'는 '죄악이 나를 이겼사오니'를 뜻하고, '우리의 허물을 사하시리이다.'는 '오직 주님만이 그 죄를 용서하여 주십니다.'란 뜻이다. 그 죄를 사하시고 회복시키시는 은혜가 예배 가운데 있다는 것을 의미한다. 우리는 누구나 그것이 무엇이 되었든지 감당하기 어려운 죄의 질고를 지고 살아가고 있다. 어떤 문제들 가운데 놓여 있을 수 있고, 어떤 무너진 마음 가운데 잠겨 있을 수 있고, 찢기고 상한 심령 가운데 갈 바 몰라 헤매고 있을 수 있다 할지라도, 하나님은 우리의 아버지이시기 때문에 우리가 아버지 앞에 예배드리는 그 순간에 아버지께서 무너진 우리의 마음을 만지시고 찢기고 상한 우리의 영혼을 어루만져 주셔서 오늘 우리를 치유하시고 회복시켜 주시는 은혜가 예배 가운데 있는 것이다. 이것이 예배자에게 주어지는 축복이다.

세 번째는 그렇기 때문에 8절부터 13까지 말씀처럼 결과적으로 풍성하고 윤택한 삶을 누릴 수 있는 축복을 내려주신다. 12-13절에 보면 "들의 초장에도 떨어지니 작은 산들이 기쁨으로 띠를 띠었나이다. 초장은 양 떼로 옷 입었고 골짜기는 곡식으로 덮였으매 그들이 다 즐거이 외치고 또 노래하나이다."라고 고백하고 있다. 우리의 삶 가운데 기쁨과 감사가 풍성히 넘치는 윤택한 삶이 펼쳐지는 은혜가 임한다. 예배자에게는 기쁨과 감사가 회복된다. 예배하는 자는 이처럼 복이 있는 것이다.

적어도 신앙인이라면 예배가 삶의 최우선 순위가 되어야 한다. 예배를 결단하고, 예배에 삶을 투자하고, 예배에 헌신하고, 오직 한 분 관객 되신 하나님을 기쁘시게 할 수 있는 예배에 성공하는 자가 되어야 한다. 이것이 우리가 몸과 마음과 뜻과 정성을 모아 신령과 진정으로 하나님이 받으시는 예배를 드려야 하는 이유인 것이다.

- 아멘! -

6. 우리는 복 있는 사람입니다

여섯 번째 : 시편 84 : 1-12

1 : 만군의 여호와여 주의 장막이 어찌 그리 사랑스러운지요
2 : 내 영혼이 여호와의 궁정을 사모하여 쇠약함이여 내 마음과 육체가 살아 계시는 하나님께 부르짖나이다
3 : 나의 왕, 나의 하나님, 만군의 여호와여 주의 제단에서 참새도 제집을 얻고 제비도 새끼 둘 보금자리를 얻었나이다
4 : 주의 집에 사는 자들은 복이 있나니 그들이 항상 주을 찬송하리이다(셀라)
5 : 주께 힘을 얻고 그 마음에 시온의 대로가 있는 자는 복이 있나이다
6 : 그들이 눈물 골짜기로 지나갈 때에 그 곳에 많은 샘이 있을 것이며 이른 비가 복을 채워 주나이다
7 : 그들은 힘을 얻고 더 얻어 나아가 시온에서 하나님 앞에 각기 나타나리이다
8 : 만군의 하나님 여호와여 내 기도를 들으소서 야곱의 하나님이여 귀를 기울이소서(셀라)
9 : 우리 방패이신 하나님이여 주께서 기름 부으신 자의 얼굴을 살펴 보옵소서
10: 주의 궁정에서의 한 날이 다른 곳에서의 천 날보다 나은즉 악인의 장막에 사는 것보다 내 하나님의 성전 문지기로 있는 것이 좋사오니
11: 여호와 하나님은 해요 방패이시라 여호와께서 은혜와 영화를 주시며 정직하게 행하는 자에게 좋은 것을 아끼지 아니하실 것임이니이다
12: 만군의 여호와여 주께 의지하는 자는 복이 있나이다

여호와 체오바트(군대), 만군의 여호와는 능력의 하나님이시다. 이를 성경에서는 '만군의 여호와'로 번역되어 성경 곳곳에서 나타나고 있다.

성경에서 만군의 여호와로 하나님을 표현할 때는 크게 두 가지 경우일 때다.

첫 번째는 전쟁(영적 전쟁이든지 또는 실제 전투가 벌어지는 전쟁이든지)시에 자신의 힘으로는 도저히 그 전쟁을 감당하고 이길 능력이 없을 때, 진정으로 하나님이 함께하시고 도와주셔야 할 필요성이 대두되었을 때 하나님을 부르며 도움을 요청할 때 쓴다. 즉, 여호와 체오바트의 하나님을 의지할 때 '만군의 여호와'라고 부른다. 대표적인 경우가 다윗이 골리앗 앞에 섰을 때의 외침이다. 사무엘상 17장 45절을 보면 "다윗이 블레셋 사람에게 이르되 너는 칼과 창과 단창으로 내게 나아오거니와 나는 만군의 여호와의 이름 곧 네가 모욕하는 이스라엘 군대의 하나님의 이름으로 네게 나아가노라."라고 기록되어 있다. 왜소한 다윗이 외모로 보았을 때는 거대한 골리앗과 비교할 수 없었으나 다윗이 믿음 가운데 골리앗을 대적하여 나아가며 외친 말이 만군의 여호와라는 고백이었다.

두 번째는 그의 삶이 어려움과 고통 가운데 있고, 찢

기고 상한 심령 가운데 있어서 너무 괴로우나 이 아프고 괴로운 심정을 토로하고 호소할 데가 없을 때 그때 하나님 앞에 무릎 꿇고 "하나님! 나의 힘이 되신 하나님! 나를 위로하여 주옵소서! 내가 정말 힘들고 어렵나이다. 하나님이 아니시면 그 누구도 나를 도와줄 자도 없고, 도와줄 수도 없나이다."라고 부르짖으며 하나님 앞에 나아갈 때 "만군의 여호와여!"라고 부른다.

그 대표적인 기도는 사무엘상 1장 10-11절의 한나의 기도이다. "한나가 마음이 괴로워서 여호와께 기도하고 통곡하며 서원하여 이르되 만군의 여호와여 만일 주의 여종의 고통을 돌보시고 나를 기억하사 주의 여종을 잊지 아니하시고 주의 여종에게 아들을 주시면 내가 그의 평생에 그를 여호와께 드리고 삭도를 그의 머리에 대지 아니하겠나이다." 한나는 브닌나로부터 고통을 당하고 있다. 하소연할 데 없는 분노와 고통과 어려움 가운데 놓여 있다. 이때 하나님 앞에 무릎 꿇고 호소하며 하나님을 '만군의 여호와'라고 부르고 있다.

본문에서의 '만군의 여호와'는 다윗이 골리앗을 대적하여 나가며 부를 때의 '만군의 여호와'가 아니라 한나와 같은 고난과 어려움 가운데에서 힘든 정서로 하나님 앞에 나와 부르짖을 때의 그 '만군의 여호와'이다. 아무리 둘러 봐도 하소연할 데도 없고, 도울 이도 찾지 못할 때의 부르짖음이다.

이때 중요한 것은 답답해도, 답답한 마음도 있지만, 동시에 자신의 어려움을 호소하고 고백할 수 있다는 것이 너무 감사해서 드리는 고백도 담겨 있다는 사실이다. 감사와 감격의 마음이 들어 있다는 것이 중요하다. 대적자들이 나를 공격하고, 그것 때문에 오해를 받고 내면에 상처를 입고 그로 인해 어렵고 힘들고, 그러나 그런 어려움으로부터 벗어날 수 있는 출구는 보이지 않고 두려움과 분노에 지치고, 마음 둘 곳 없고 하소연할 곳 없다가, 이제 내 마음을 토로하고 위로받을 수 있다는 감격과 눈물이 들어 있는 표현이 '만군의 여호와여!'란 외침 가운데 들어 있는 것이다.

만약에 하나님 앞에 '만군의 여호와여!'라고 부를 수조차 없었다면 그 인생은 무너지고 일그러졌을 텐데, 아무데서고 어떠한 소망도 얻을 수 없었을 텐데, 그래도 하나님 앞에 만군의 여호와라고 내가 입술을 열어 고백할 때마다 나의 힘이 되시고 나의 위로가 되시고 나를 온전히 회복시켜 주시는 그 하나님 앞에 내가 나아갈 수 있어 감사해서 내가 하나님 앞에 고백하는 그 고백이 오늘 본문에서의 '만군의 여호와'라는 고백에 들어 있다.

그렇기 때문에 성경에서는 이렇게 고백할 수 있는 사람들을 향해서 본문 5절 말씀처럼 "주께 힘을 얻고 그 마음에 시온의 대로가 있는 자는 복이 있나이다."와 같이 이야기 한다. 즉, 그래서 5절에서 "앗쉬레!(복이 있도다!)"가 먼저 나오는 것이다.

"주께 힘을 얻고 마음에 시온의 대로가 있는 자는 복이 있습니다!"

오늘 '그 마음에 시온의 대로가 있는 자.'의 의미를 알면 복 있는 자라는 고백의 의미를 확실히 알 수 있다. 시온의 대로는 우리에게는 생소하고 낯 선 말이지만 히브리 사람들은 그 시온의 대로가 무엇인지를 다 알고 있기 때문에 바로 그 의미를 깨달을 수 있다. 당시의 시온의 대로는 예루살렘으로의 순례의 과정 중 마지막 예루살렘이 훤히 보이는 뻥 뚫린 큰 길이 예루살렘 성전까지 놓여 있었다. 이것이 시온의 대로이다. 고생하며 거칠고 꾸불거리고 험난한 인고의 길을 오직 하나님의 성전에 가려는 열망으로 참고 견디며 나아가다 드디어 거칠 것도 가릴 것도 없는 뻥 뚫린 대로를 만난 것이다. 그 시온의 대로가 끝나는 곳에 그토록 염원하던 하나님의 성전이 있는, 하나님의 임재를 경험할 수 있는 곳, 예루살렘의 성문이 있는 것이다. 이제는 거칠 것 없이 하나님을 경배할 수 있는 그곳으로 바로갈 수 있게 됐음을 의미하는 것이다.

따라서 '마음에 시온의 대로가 있는 자는 복이 있다.'는 말의 의미는 언제든지, 어디에 있든지, 어떤 상황일지라도 그 마음에 하나님 앞에 나아가서 만군의 여호와 하나님이라고 부르기만 하면 하나님께서 응답하고 역사해 주실 것이라는 것을, 그 약속 그 믿음 그 권리를 붙잡고 있는 인생을 그 마음에 시온의 대로가 있는 자라고 말하고 있는 것이다.

다시 말하면 '그 마음에 시온의 대로가 있다.'는 말은 어떤 뜻이냐 하면 언제든지 괴로울 때면 하나님을 찾아가고 그분을 만군의 하나님 여호와라고 부르며 부르짖을 때 그 마음을 받아 주시고 응답하시고 역사하신다는 약속을 믿음 가운데 가지고 있는 사람을 의미한다.

이런 권리를 가지고 있는 사람은 복이 있다는 것을 뜻한다. 내가 기도할 때 하나님이 직접 들으시는 하나님과 나를 잇는 핫라인을 마음에 가지고 있음을 의미한다.

이런 사람이 복이 있는 사람이다.

그렇다면 과연 누가 이런 사람인가?

바로 우리들이다. 하나님의 백성이고 신앙인들이다. 예수님을 구주로 고백하고 하나님의 자녀가 된 바로 우리들인 것이다. 자녀는 아버지께 부르짖고 나아갈 수 있다. 그러면 아버지는 자녀에게 귀 기울이시고 품어주신다. 이것이 하나님 아버지와 자녀 된 우리들 사이의 영적인 핫라인이다. 하나님과 사이에 이런 핫라인을 갖고 사는 자는 복 있는 자가 아닐 수 없다.

이 땅 가운데 살아가면서 하나님의 자녀로서 살아갈 때 받는 권리 중에 실제적으로 가장 큰 축복이다. 가장 큰 축복은 영원한 생명을 허락받은 것이다. 그러나 이 땅 가운데에서 살아가면서 가장 현실적이고 실제적으로 누릴 수 있는 권리이고 복인 것이 바로 '마음에 시온의 대로가 있는 축복'이다. 우리가 만군의 여호와께 기도하고 부르짖고 간구할 때마나 하나님이 직접 들으시고 응답하시고 역사하시는 하나님과의 직통 핫라인인 '시온의 대로'가 마음 가운데 있을 수 있는 것이 가장 현실적인 축복이다.

마음에 시온의 대로가 있는 자는 눈물의 골짜기를 지날 수 있습니다

마음에 '시온의 대로'가 있는 사람은 구체적으로 실제 어떤 복이 있나?

본문 6-7절을 보면 "그들이 눈물 골짜기로 지나갈 때에 그곳에 많은 샘이 있을 것이며 이른 비가 복을 채워 주나이다. 그들은 힘을 얻고 더 얻어 나아가 시온에서 하나님 앞에 각기 나타나리이다."라고 고백하고 있다. 성경에서는 여러 곳에서 눈물의 골짜기라는 표현이 나온다. 새 번역에서는 이것에 각주를 달아 '발삼나무의 골짜기' 또는 '박하지역의 골짜기' 라고 쓰고 있다. 이곳은 예루살렘을 향해 걸어가는 순례의 길 가운데 가장 길고 고통스러운 골짜기를 뜻한다. 이 골짜기는 너무 길고 힘들어서 언제 끝날지 모르고 그리고 정말 험난하고 어려운 골짜기였다. 그런데 이 골짜기를 지나가지 않으면 예루살렘 성전에를 결코 갈 수 없었다. 반드시 이 골짜기를 통과 해야만 염원하는 곳, 예루살렘 성전에 도달할 수 있었다. 언제 어디서 사나운 짐승이 나타날지 모르고, 언제 어디서 악한 강도의 무리가 공격해올지 몰라 너무나도 건너기가 조심스럽고 어려운 곳이었다. 시편 23편에서는 이 골짜기를 '사망의 음침한 골짜기'라고 표현하고 있다.

이렇듯 힘들고 어려운 골짜기를 지날 때에도 '만군의 여호와'를 부름으로 하나님의 도우심과 보우하심이 반드시 나에게 있을 것을 믿고 담대히 나아갈 수 있는 '시온의 대로'가 그 마음에 있는 복을 받은 사람은 그와 같이 힘든 골짜기를 지날 때 많은 샘에서 물이 솟아나는 축복을 누리며 이른 비가 내림으로 어느 곳엘 가던지 물을 마실 수 있는 은혜를 누릴 수 있는 것이다. 아무리 그 골짜기가 깊고 또 깊어도, 먹을 것과 마실 것이 없는 길이어서 고통스럽고 답답할 수밖에 없는 길이라 할지라도 마음에 '시온의 대로'가 있는 사람은 '많은 샘의 역사', '이른 비'의 역사를 경험하게 된다. 이를 요한복음에서는 내면에 생수의 강이 흐르는 역사라고 말씀하고 있다.

마음에 시온의 대로가 있는 사람은 이런 샘물의 역사, 이른 비의 역사하심을 경험하며 눈물의 골짜기를 통과하여 하나님을 찬양하며 하나님 앞에 설 수 있게 된다. 이럴 수 있는 권리가 주어진 존재가 우리들이라는 사실을 잊지 말아야 한다.

적어도 우리가 신앙인이라고 한다면, 우리 마음에 시온의 대로가 있다고 한다면, 지금 삶의 이야기가 아무리 어렵고 힘들어도 힘든 문제를 가지고 있다 할지라도 죄가 난무하고 사망의 우겨 쌈을 당한다 할지라도 그래서 그 고통의 시간들 아픔의 시간들이 언제 끝날지 모르는 그런 세월 가운데 그런 시간 가운데 우리가 있다 할지라도, 정말 답답해 보이고 미래가 보이지 않는 상황 가운데 있다 할지라도 '만군의 여호와!'라고 고백하며 나아갈 때마다 그 마음에 시온의 대로가 있는 그 사람에게는 많은 샘물의 역사 이른 비의 역사의 은혜를 경험하고 궁극적으로 그 눈물의 골짜기를 통과하여 기쁨으로 주님 앞에 서는 날을 맞게 되는 것이다.

믿음 가운데 이 은혜를 경험한 사람들의 입에서 "만군의 여호와여 주의 장막이 어찌 그리 아름다운지요!"라는 고백과 찬양이 나오게 되는 것이다. "주께 힘을 얻고 그 마음에 시온의 대로가 있는 자는 복이 있도다."라고 고백할 수 있는 이 은혜가 바로 오늘 우리에게도 동일하게 임함을 믿어야 한다.

시온의 대로는 잘 관리하지 않으면 황폐화 됩니다

그런데 이 복을 실감하지 못하고 누리지 못하는 경우가 있을 수 있다. "나에게도 시온의 대로가 있기는 한 것인가?"라는 회의감, 의심하는 마음이 있을 수 있다.

그런데 시온의 대로가 내 마음 속에 있기 위하여 어떤 특별한 자격이 있어야 하는 것이 아니라 시온의 대로는 예수님을 나의 주인으로 고백하는 순간 이미 당연히 그 마음 가운데 시온의 대로가 있게 된다는 사실이 중요하고 이것을 믿어야 한다. 이것이 하나님이 주신 약속이고, 믿음의 축복이고 신앙의 능력이다.

오늘 우리에게 이와 같은 하나님의 자녀로서 마땅히 누릴 수 있는 권리가 있음에도 불구하고 왜 내가 마치 아무런 자격이 없는 사람처럼 여겨질까?

이것은 이유가 있다. 시온의 대로는 말 그대로 큰 길이다. 길은 항상 잘 쓰고 제대로 관리하지 않으면 풀이 나고 잡초가 자라고 가시가 나서 황폐해지는 법이다. 길은 쓰면 쓸수록 그 길은 더욱 길다워지고 아름다워진다. 그러니까 중요한 것은 우리가 하나님의 자녀가 되는 순간 하나님이 우리를 사랑하시고 복 주셔서 이미 주님께 힘을 얻을 수 있는 시온의 대로가 우리 마음 가운데 있게 되었는데 이것을 제대로 관리하지 않고 쓰지 않아서 이 길이 있는지도 모르고 그리고 그것을 어떻게 쓰는 것인지도 모르고 있다는 점이다.

중요한 것은 그 길을 잘 관리하는 것이다. 그렇지 못하면 시온의 대로가 비록 내 안에 있을지라도 길의 역할을 할 수 없다.

그렇다면 어떻게 하는 것이 그 길을 잘 관리하는 것일까? 세 가지를 생각해볼 수 있다.

첫째 : 길은 어느 길이든지 오래 쓰지 않으면 황폐해지고 무너지고 잡풀이 나서 길로서의 형태를 잃게 된다. 자주 써서 길을 길답게 활용해야 한다. 우리 안에 있는 시온의 대로를 자주 활용해야 한다.

시온의 대로는 만군의 여호와를 부르며 하나님을 예배하고 하나님을 찬송하며 하나님이 주시는 말씀을 사모하여 읽고 묵상하는 것이고 하나님께 나아가는 기도이다. 그러니까 하나님을 예배하지 않고 찬송하지 않고 말씀을 묵상하지 않고 기도로 하나님께 나아가지 않으면서 어떻게 시온의 대로를 온전하게 유지할 수 있겠는가? 황폐해질 수밖에 없을 것이다.

그래서 우리에게 꼭 필요한 것이 영적인 훈련이고 경건한 생활의 유지이다. 지속적으로 영적으로 훈련하고 단련해서 어려움이 닥칠 때 '만군의 여호와여!' 하며 기도할 수 있는 특권을 발휘할 수 있게 미리 그 길을 잘 관리하고 평소에 열심히 사용해야 한다. 영적 훈련과 경건의 생활을 해야 한다.

생각보다 많은 사람들이 영적 훈련과 경건의 연습이 부족함으로 인해 기도로 반응하지 못하고 주어진 하나님의 자녀임에도 불구하고 시온의 대로를 쓸 줄 몰라 고난과 고통 가운데 머물며 하나님을 원망함으로써 마귀를 기쁘게 하는 어리석음을 범하게 된다.

우리는 살면서 한계에 부딪치지 않을 수 없는 미약하기 짝이 없는 존재이다. 그럴 때마다 경험하게 되는 것이 불안과 근심과 걱정과 염려와 두려움이다. 이때 하나님의 자녀이고 그 마음에 시온의 대로가 있는 사람은 기도로 반응해야 한다. 어려움을 만났다는 것을 내 힘의 한계를 넘는 상황을 만났다는 의미이니 마땅히 만군의 여호와를 부르며 나아가야 하는 것이다.

어려움이 있을 때 '만군의 여호와여!' 할 수 있다는 사실을 잊고 살면 없는 것이나 다를 바 없다. 시온의 대로가 막혀 있고 황폐해져서 사용되지 못하는 안타까움이 있어선 안 될 것이다. 영적인 훈련과 경건의 연습이 우리 가운데 끊임없이 있어야 할 당위성이 이에 있는 것이다.

안중근 의사가 "하루라도 책을 읽지 않으면 입에 가시가 돋는다."란 말을 했다 한다. 세상적인 지식과 학문도 그럴진대 영적인 면에서는 더 말할 것도 없다. 하루라도 기도하지 않고 경건의 연습을 게을리 하면 우리의 마음 속에 있는 시온의 대로에는 반드시 잡풀이 무성해지고 가시가 돋고 무너지게 되는 법이다. 우리 안에 있는 시온의 대로가 정말로 주께 힘을 얻을 수 있는 진정한 대로가 될 수 있는 참다운 복을 누리기 위해 날마다 경건의 연습을 게을리 하지 않는 자여야 할 것이다.

두 번째 : 높은 곳은 깎아서 낮추고 낮은 곳은 채우고 높여서 그 길을 평탄하게 해야 한다. 여기 저기 움푹 파이고 불룩 솟아 있어 울퉁불퉁한 길을 대로라 할 수는 없는 것이다. 이사야서 40장 3-4절의 말씀 "외치는

자의 소리여 이르되 너희는 광야에서 여호와의 길을 예비하라. 사막에서 우리 하나님의 대로를 평탄하게 하라. 골짜기마다 도두어지며 산마다 언덕마다 낮아지며 고르지 아니한 곳이 평탄하게 되며 험한 곳이 평지가 될 것이요."처럼 시온의 대로를 평탄하게 하여 하나님과 우리 사이의 핫라인을 보수해야 한다.

우리 마음속의 무너지고 낮아진 마음, 낮아진 우리의 자존감, 실패와 좌절 절망 가운데 사로잡혀 있는 무너진 우리의 마음에 사로잡혀 있는 동안에는 하나님 아버지께 기도드릴 수가 없다. '내가 기도한다고 하나님이 나 같은 자의 기도를 들어주기나 하실까?', '내가 진짜 하나님께 기도드리고 간구할 수 있는 자격이 있기는 한 것일까?'라는 회의감에 휩싸이고 자신이 없게 된다. 이런 식의 생각과 불신과 염려에 사로잡히는 것은 바로 우리의 마음과 자존감이 무너져 있기 때문이다.

하나님은 우리의 마음이 이렇게 무너지고 낮아진 상태에 머물러 있는 것을 안타까워하신다. 어떤 상황, 환경, 어떤 삶의 자리 가운데 우리가 있다 할지라도 하나님을 '아바 아버지!'라 부르며 하나님 앞에 나아갈 수 있는 영적 권리가 없어지는 것이 아니다. 우리는 하나님을 '아바 아버지라 부를 수 있는 사라지지 않고 손상되지 않는 하나님의 자녀라는 권세가 있는 존재이다. 결코 마귀의 장난과 궤휼에 의해 사라지지 않는 하나님의 자녀라는 자격과 권세를 가진 존재가 우리 자신이라는 사실을 믿어야 한다.

그리고 반면에 높이 오르고 솟은 곳은 교만이다. '자기 자랑', '자기 의'를 의미한다. 자기 고집이고 '자신만이 옳다.'라는 생각이다. 자기 힘만을 의지하는 것이다. 이것은 하나님 앞에서 깎여야 된다. 십자가에 못 박아야 한다. 자기 의, 자기 고집, 자기만 옳다는 생각, 자기 자랑들을 십자가에 못 박아서 길을 평탄하게 해야 한다. 자기 자랑, 교만은 낮추어야 한다. 이렇게 길을 평탄하게 할 때에 우리는 시온의 대로를 통하여 하나님 앞에 온전히 나아갈 수 있다.

세 번째 : 이사야서 62장 10절 말씀 "성문으로 나아가라. 나아가라. 백성이 올 길을 닦으라. 큰 길을 수축하고 수축하라. 돌을 제하라. 만민을 위하여 기치를 들라." 대로 우리 마음의 시온의 대로 위에 놓여 있는 길

위의 돌들을 치우고 그 길을, 장애물을 제거해야 한다. 길은 있는데 큰 돌로 막혀 있거나 장애물들이 많으면 거추장스럽고 문제가 되어 하나님 앞에 제대로 나아갈 수 없다. 우리가 하나님 앞에 나아가고자 기도하는데 자꾸만 마음에 걸리는 것이 있어서 하나님을 부르고 하나님을 찬양하려는 나의 마음을 붙잡고 방해하고 내 발목을 잡고 내 마음을 움츠러들게 만드는 것들이 있을 수 있다. 주춤거리게 만드는 것들이 장애물이고 돌들이다. 하나님께 나아갈 때 머뭇거리게 하는 것은 그것이 무엇이든지 그것은 돌이다.

구체적으로 하나님께 고백하고 회개하지 않은 숨겨져 있는 죄가 그것이 돌이고 시온의 대로를 가로막는 장애물이다. 그런 사람들은 결정적인 순간에 가로막힌다. 왜곡된 분노의 표출, 버릇, 끊지 못하는 반복된 나쁜 버릇, 죄의 습관도 돌들이다. 옳지 않은 관계, 중독, 말초적 쾌락이다.

그리고 또 하나는 내면의 꼬이고 뒤틀린 마음이다. 그래서 늘 쉽게 누구를 저주하고 정죄하고 비판하고, 늘 오해하고 왜곡되게 상황을 보고 판단하고 관계를 뒤틀리게 하는 원망하는 마음이다. 이런 마음을 가진 상태에서 하나님께 축복을 구할 수는 없다. 제거해야 한다.

이미 우리에게 주어진 시온의 대로에서 이런 돌들을, 장애물들을 제거하고 시온의 대로가 잘 열려 있게 유지해야 한다. 그럼으로써 주께 힘을 얻고 주어진 삶의 기회를 주 안에서 승리하는 삶으로 일구어갈 수 있기 때문이다. 그러다가 언젠가 시온의 대로를 통하여 하나님 앞에 설 수 있는 날을 맞게 될 것이다.

– 아멘! –

7. 우리는 복 있는 사람입니다

일곱 번째 : 시편 126 : 1-6

---

1 : 여호와께서 시온의 포로를 돌려보내실 때에 우리는 꿈꾸는 것 같았도다
2 : 그 때에 우리 입에는 웃음이 가득하고 우리 혀에는 찬양이 찼었도다 그 때에 뭇 나라 가운데에서 말하기를 여호와께서 그들을 위하여 큰일을 행하셨다 하였도다
3 : 여호와께서 우리를 위하여 큰일을 행하셨으니 우리는 기쁘도다
4 : 여호와여 우리의 포로를 남방 시내들같이 돌려보내소서
5 : 눈물을 흘리며 씨를 뿌리는 자는 기쁨으로 거두리로다
6 : 울며 씨를 뿌리러 나가는 자는 반드시 기쁨으로 그 곡식 단을 가지고 돌아오리로다

인생을 비유할 수 있는 말 중에는 농사라는 말이 가장 적절한 비유인 것 같다. 성경에선 인생을 농사로 비유하여 말씀한 곳이 여러 군데 나온다. 자식 농사라는 말처럼 사랑으로 정성과 물질로 키운 자녀가 자기 앞가림을 제대로 하는 것을 보고, 또 오랜 시간 기다려 가며 삶의 현장에서 제게 주어진 사명을 잘 감당하고 자

신의 몫을 수행해 나가는 것을 보며 흐뭇해하는 것이 농사짓고 추수하는 농부의 심정과 비슷하다 할 것이다. 자식이 감사를 되돌릴 것을 기대하는 것보다 정성을 다해 키운 자녀가 제 갈 길을 잘 갈 수만 있으면 그것이 바로 자식 농사의 보람이라 할 것이다.

인간이 맺고 살아가는 관계도 마찬가지인 것 같다. 어떤 관계든지 그 관계가 아름답고 행복하게 굳건히 형성되는 것은 그냥 한 순간에 덜컥 형성되는 것이 아니다. 수없이 많은 시간과 노력과 헌신이 필요하고 나의 마음을 주어야 하고 사랑과 우정의 씨앗을 뿌려야 가능하다. 그리고 또 기다리지 않으면 안 될 경우도 자주 만날 수 있다. 때로는 그 관계 가운데 눈보라가 치는 듯한 어려움이 있을 수도 있지만 그럴 때 그 어려움을 견디고 버티어 서서 그 관계를 잘 유지해 나감으로 인해 평생을 함께하는 아름다운 관계로 굳건해질 수 있게 된다. 이처럼 아름다운 관계를 위해서라면 선한 농부의 마음과도 같이 오래 참고 견디며 사랑을 쏟고 나누는 것이 절대적으로, 기본적으로 필요하다.

우리의 인격도 마찬가지라고 생각할 수 있다. 태어날 때부터 훌륭한 인격의 소유자인 사람은 없다. 삶의 이런 저런 환경과 조건과 경험들을 통해 심어지고 다스림 받고 가꾸어지고 오랜 세월을 기다리고 견디며 비바람에 깎이고 다듬어지듯 인격과 내면이 다듬어지며 성숙해 가는 것이다.

신앙생활도 농작의 원리와 같이 생각해 볼 수 있다. 오늘 본문의 말씀이 이와 같은 신앙생활에 있어서의 농작의 원리를 감동적으로 전해 주고 있다.

감사의 영성으로 살아가는 사람은 복이 있습니다

5-6절 말씀에서는 "눈물을 흘리며 씨를 뿌리는 자는 기쁨으로 거두리로다. 울며 씨를 뿌리러 나가는 자는 반드시 기쁨으로 그 곡식 단을 가지고 돌아오리로다."라고 고백하고 있다. 이 말씀은 우리의 인생이 행복한 삶이 되기 위해서는 씨를 뿌리고 가꾸고 기다리다가 때가 되면 거두어야 한다는 원리를 의미한다. 즉 농사짓는 것과 너무나도 비슷한 것이 우리의 인생이고 신앙생활이다. 즉, 씨를 뿌리고 때가 되어 거두는 것이 신앙생활이다.

그런데 본문 말씀 5, 6절에는 그냥 단순히 때가 돼서 거두었다기보다는 주체할 수 없는 감사와 감격의 고백이 들어 있다. 그 이유는 그 열매가 보통 열매가 아니기 때문이다. 그냥 자동적으로 자연적으로 우연히 맺힌 열매가 아니고 눈물을 흘리며 뿌렸던 그 씨가 자라서 열린 열매이기에 주체할 수 없는 감사와 감격의 기쁨이 고백될 수밖에 없는 것이다. 그냥 두고 기다렸더니 자연스레 맺힌 열매가 아니라 한때 눈물을 흘리며 어려움을 참고 견디고 극복하며 뿌렸던 그 씨가 자라서 맺힌 열매인 것이다. 그러니 어찌 감격하지 않을 수 있겠는가?

인생길에서도 마찬가지라 생각해 볼 수 있다. 어둡고 힘든, 아무 것도 앞이 보이지 않고 삶을 포기하고 싶었을 수도 있었을 수 있고, 미래를 기대하고 내일을 기다린다는 것이 사치스런 것처럼 느껴질 때도 있을 수 있다. 그러나 포기해선 안 되기 때문에, 열매를 기대한 것이 아니라 뿌려야 하기에 눈물을 흘리며 씨를 뿌리고 버텼을 뿐인데, 기대도 하지 못했던 기가 막힌 열매를, 예기치 않았던 열매를 대하며 감격하지 않을 수 없는 심정을 1, 2절에서는 "여호와께서 시온의 포로를 돌려보내실 때에 우리는 꿈꾸는 것 같았도다. 그때에 우리의 입에는 웃음이 가득하고 우리 혀에는 찬양이 찼었도다. 그 때에 뭇 나라 가운데에서 말하기를 여호와께서 그들을 위하여 큰일을 행하셨다 하였도다."라고 구체적으로 고백하고 있다.

별 다른 소망이 있었던 것은 아니었다. 뿌려야 하기 때문에 뿌린 것이었는데, 눈물로 뿌렸는데 기가 막힌 열매가 열린 것이다. 이때의 감사가 담겨 있는 본문 말씀이다. 그 열매를 보며 "여호와께서 큰일을 행하셨도다." 라고 감격하고 감사하고 있다.

이렇게 사는 것이 신앙인이다. 우리가 이런 마음으로 감사하고, 우리의 입에 이런 고백이 넘쳐나며, 이런 마음으로 우리의 삶을 바라볼 수 있다면 그 인생은 복 있는 인생이 아닐 수 없다. 우리의 삶을 바라볼 때마다 "하나님께서 하셨습니다."라고 고백하며 주체할 수 없는 감사의 영성으로 살아가는 신앙생활의 삶이 복 받은 인생인 것이다. 이렇게 감사의 영성으로 살아가는 자는 복이 있는 사람인 것이다. 내 삶에 있는 것, 주어진 것, 이미 받아 누리고 있는 것을 보며 감사하는 영성이 있어야 한다.

하루를 마감하며,
한 주일을 마감하며,
한 달을 마감하며,
한 해를 마감하며,
주체할 수 없는 감사를 고백하는 인생은 복 있는 사

람이다.

그럴 수 있기 위해서는 두 가지 영성이 필요하다.

씨를 뿌리는 영성으로 살아가는 사람은 복이 있습니다

농작의 원리에서 첫 번째 단계는 씨를 뿌리는 것이다. 아무리 어렵고 힘이 들어도 씨를 뿌리지 않으면 열매를 거둘 수 없다. 눈물을 흘리면서라도 씨를 뿌리는 자여야 한다. 그래야 '기쁨으로 단을 거두리라.'라는 고백이 있을 수 있다. 씨를 뿌리지 않으면 거둘 것이 없고 감사할 것도 없게 된다. 감사할 것이 없는 인생은 결코 복된 인생이라 말할 수 없다.

씨를 뿌린다는 것이 무엇일까?

1) 어떤 상황에서일지라도 하나님의 말씀을 붙잡고 의지하고 그 상황을 참고 버티고 견디는 삶이다.

그 상황을 바라보면 그렇지 못하나 하나님의 말씀을

의지하고 붙잡고 견디고 버티며 살아간다면 그 순간순간에 사실은 우리가 씨를 뿌리고 있는 것이다.

세상을 살다 보면 인생을 대충 막 살고 싶은 유혹이 날마다 있을 수밖에 없는 것이 인생이다. 그리스도인으로서의 경건한 삶의 모습이 아니라 우리의 욕망에 따라서 아니면 세상의 흐름에 따라서 이런저런 생각 없이 그냥 내 감정의 흐름에 따라서 막 살고 싶은 유혹이 있게 마련이다. 그건 보호를 받는 성직자도 마찬가지이다. 그러니 일반인의 삶은 유혹에 노출되어 있을 수밖에 없다. 일반인의 삶은 달리 말하면 영적전쟁의 최전방 전쟁터에서 싸우며 살아가는 것이나 비슷하다. 영적전쟁의 최전방에서 살며 유혹이 올 때 그리스도인으로서 살면서 부딪치는 현실적 어려움을 모면하고 탈피하기 위해 세상 사람들과 어울리고 휩쓸리어 그들과 마찬가지의 삶의 대열에 참여하고 싶은 충동을 다스리고 억제하며 하나님의 말씀을 붙잡고 견디며 참고 살아가는 삶이 곧 씨앗을 뿌리는 삶이다.

마지막까지 견디고 살아남아야 열매도 있을 수 있는 것이다. 이 참고 견디는 순간이 바로 씨앗을 뿌리는 순간인 것이다. 견디고 살아남아야 추수의 때에 뭔가를 거두어들일 수 있는 것 아니겠는가?

뭔가를 행하고 변화를 불러일으키는 것이 아니라 겨우겨우 견디는 것은 아주 소극적이고 수동적인 별 볼일 없는 것처럼 착각할 수 있다. 그러나 때로는 견디고 버티고 인내하는 것이 그 어떤 것보다 적극적이고 능동적인 것일 수 있다.

특히 영적 전쟁에 있어서는, 어떤 유혹 앞에서는 버티기만 해도, 견디기만 해도 굉장히 능동적인 행위인 것이다. 그리고 버티고 견디고 있을 때에 내가 아무 것도 안하고 있었던 것이 아니라 그렇게 버티는 그것이 바로 아름다운 씨앗을 뿌리고 있는 순간이었던 것이다. 견디고 버티는 것은 장애를 극복하며 그 순간에 그 자리에 씨앗을 뿌리는 것이다. 이 씨앗은 언젠가 기쁨으로 단을 거두는 것과 같은 기쁨을 맛보게 할 것이다. 이것이 눈물을 흘리며 씨앗을 뿌린다는 고백이 뜻하는 것이다.

삶의 어려운 환경 가운데 놓여 있는가?

좌절과 낙망과 실망으로의 빠져듦을 거부하고 하나님의 약속의 말씀을 붙잡고 견디고 버티며 참고 인내하는 것이 바로 씨앗을 뿌리는 것이라는 사실을 인식하고, 그런 삶을 통해서 아름다운 씨앗을 뿌리는 적극적이고 능동적인 삶의 주인공이 되어야 한다.

언젠가 기쁨으로 단을 거두어 감사의 고백을 할 수

있는 인생이 되기 위해서는 어떠한 어렵고 곤고한 상황 가운데 있을지라도 하나님의 말씀을 붙잡고 그 말씀에 의탁해서 버티고 견디고 참고 인내하는 씨앗을 뿌리는 순간들이 필요하다는 사실을 기억하여야 할 것이다.

2) 영적 성장을 위해 내 삶을 드리는 것이 씨앗을 뿌리는 것이다.

영적 성장을 위해, 경건의 연습과 훈련을 위해 내 시간과 물질과 마음과 정성을 드리는 것이 씨를 뿌리는 행위이다. 영적 성장을 위해서 내 시간을 드리고 내 삶을 드리는 것이 지금 당장은 내게 아무런 유익도 주지 않을 수 있다. 영적 성장과 경건의 연습을 위해 내가 씨앗을 뿌린다고 내 눈 앞에 있는 현실적인 문제들이 당장 변하고 해결되는 것이 아니다. 그럼에도 불구하고 내 영적인 훈련과 경건의 연습을 위해서 시간을 드린다는 것, 어떤 마음을 드린다는 것은 내 현실적인 문제가 당장 변하지 않는다고 해서 쓸데없는 것처럼 느껴질 때가 많지만, 그러나 이런 삶의 태도는 궁극적으로 우리의 삶을 아름답게 만드는 투자이고 이것이 바로 씨앗을 뿌리는 영성인 것이다.

왜냐하면 영적인 성장과 성숙이 없이 우리의 미래는 없기 때문이다. 당장 눈앞에서 어떤 변화와 내 욕망을 충족시키는 일이 벌어지지 않는다 할지라도 영적 성장과 성숙이 잘 이루어져 가다 보면 어느 순간에 그 상황을 뛰어넘는 열매를 맛보게 되는 것이기 때문이다. 그렇기에 영적 성숙과 성장이 없이는 참된 미래와 참된 소망의 열매를 결코 맛볼 수가 없는 것이다.

그런데 우리는 자칫 지금 당장의 눈앞에 있는 문제가 자신이 원하고 요구하는 식대로 변화하고 이루어지지 않는다고 씨앗을 뿌리는 정성을, 물질을, 시간을, 노력을 간과할 수 있다. 당장 눈앞의 변화가 일어나지 않음으로 해서 그런 노력이 어리석은 것처럼 보이고 당장 그 문제의 해법은 아니지만 하나님 앞에서 내가 하나님의 자녀로서 온전히 성숙하고 성장하는 과정을 위해 자신의 삶을 드리는 것은 바로 아름답게 씨를 뿌리는 것이고, 어느 순간에 그것 때문에 더 이상 그 상황이 우리의 삶 가운데 어려운 상황이 아니고 문제가 아닌 것처럼 느껴지고 받아들여지고 극복되어지는 기쁨의 단을 거둘 수 있게 된다.

우리가 살면서 자칫 속기 쉬운 것이 눈에 보이는 결과를 쫓아가는 것이 똑똑한 짓이고 잘하는 행동인 줄로 여기는 것이다. 그러나 그 결과는 자기도 모르게 자신의 내면이 어느 순간에 걷잡을 수 없이 무너져 내리는 것을 경험하게 된다. 하루아침에 무너지지는 않는다. 내적인 건강함이 있으면 내 눈에 보이는 것이 없어도 견뎌나가는 힘이 있다. 그리고 그 힘이 언젠가는 그 어려움을 녹여버릴 수 있게 한다. 이것이 믿음의 사람이 이 땅에서 살아가면서 기쁨의 열매를 맛보는 비결이다.

따라서 우리는 당장은 별 볼일 없고 쓸데없는 것처럼 보일지라도 영적 성숙과 성장을 위해 우리의 시간과 정성과 우리의 삶을 드려야 한다. 영적 성장을 위해서는, 경건의 연습을 위해서는 반드시 자신의 삶을 바쳐야 한다. 영적 성장이 있을 때 밝은 미래가 있고 그럴 때 주체할 수 없는 기쁨과 감사의 고백이 있을 수 있다. 영적 성장이 없으면 기쁨과 소망이 있을 수 없기 때문이다.

3) 하나님 나라를 위해 내 삶을 드리는 것이 씨를 뿌리는 영성인 것이다.

이 땅 가운데 살면서 하늘나라를 위해 사는 것은 세상의 눈으로 볼 때 어리석고 한심한 노릇일 수 있으나, 분명한 것은 우리의 삶 가운데 가장 아름답고 복된 열매는 이 세상에서 맺혀지는 것이 아니라는 사실이다. 이 복된 열매는 하늘나라에서만이 맺혀진다는 것을 잊지 말아야 한다. 이 땅에서도 살아가면서 의미 있고 가치 있는 열매들을 맺을 수 있다. 그러나 그것이 진정으로 복되고 아름다운 열매인 것은 아니다. 이 세상에서 우리가 아무리 열심히 살아도 그리고 그 열매를 맛보아도, 그 열매를 우리가 소유해도, 세상의 열매는 결국 쇠약해지고 늙어 가고 언젠가는 이 세상을 떠나고 소멸로 갈 수밖에 없는 것이 우리 인생의 결론이다. 잠시 이 땅에서 누릴 수 있는 열매들은 영원한 열매들인 것이 아니다. 이 땅에서의 모든 열매들의 궁극적인 결론은 쇠약해진다는 것이고, 늙어진다는 것이고, 그리고 언젠가는 종말을 맞고 이 세상을 떠난다는 것이다.

영원한 열매, 진정으로 가치 있고 아름다운 열매는 이 땅이 아니라 언젠가 하나님 나라에 갔을 때 그곳에서 가능하고 받는 것이다. 이때 진정으로 단을 거두는 은혜와 기쁨을 맛볼 수 있는 것이다. 그렇기 때문에 하나님 나라를 위하여 하는 투자는 진정으로 가치 있는 투자이다. 영원히 기억되는 것은 하나님 나라밖에 없다.

믿음 가운데 이 확신이 자리 잡을 때 그의 인생 가운데에서 알 수 없는 힘이 솟게 된다. 이와 같이 하늘나라에 대한 소망이 있고 그 나라에서의 열매를 기대하며 사는 것이 씨를 뿌리는 삶이고 그것을 위해 내 삶을 드리는 것이 정말 가치 있고 보람 있는 중요한 것이다.

열매를 바라보는 영성으로 살아가는 사람은 복이 있습니다

믿음을 가지고 지금 내 눈 앞에는 열매가 없지만 그 열매를 기다리는 즉, 하나님의 때를 인정하고 그 때를 기다리며 믿음 가운데 사는 자는 감사하는 마음을 가지고 삶을 살 수 있다. 모든 열매는 때가 되어야 비로소 열매로 맺혀진다. 이때를 신앙인들은 하나님의 때라 부른다. 그 하나님의 때가 있음을 인정하고 그 때를 기다리면서 살아가는 삶의 자세가 바로 열매를 바라보는 영성이고, 이런 사람들은 언젠가 기쁨으로 단을 거두게 되는 은혜를 맛보게 된다. 당장은 아닌 것 같을 수 있다. 당장은 답답하고 갑갑할 수 있다. 뭔가가 제대로 뜻대로 될 것 같지 않을 수 있다. 하지만 하나님의 때가 반드시 있다고 믿고 하나님의 때가 되면 반드시 이루어질 것이라 믿고 기다리는 것이다. 내가 드렸던 기도의 제목들이, 내가 마음에 품었던 그 마음의 소망들이 당장은 어떤 변화의 조짐도 보이지 않고, 실현되는 움직임이 비록 드러나지 않는다 할지라도 하나님의 때가 되면 하나님께서 친히 역사하심으로 말미암아 그 모든 것이 이루어지고 실현될 것이라고 믿는 그 믿음이 바로 열매를 바라보는 영성이고, 그 하나님의 때를 인정하고 기다리는 그 사람이 언젠가 기쁨으로 단을 거두는 은혜를 누리게 된다. 기다리는 영성이 있어야 한다. 기꺼이 이때를 기다릴 때 감사와 감격의 기쁜 날을 맞을 수 있다.

이 시편 126편은 이런 영성이 담겨 있는 고백이다. 특별히 4절 말씀을 보면 "여호와여 우리의 포로를 남방 시내들같이 돌려보내소서!"라고 고백하고 있다. 남방 시내는 이스라엘 남쪽에 있는 광야 즉 사막지대를 뜻한다. 물기라고는 조금도 찾아볼 수 없는 정말 메마르고 건조한 곳이다. 그런데 놀랍게도 그곳에 물이 흘렀던 강의 흔적이 있다. 그런데 이곳에 비가 올 것이란 것은 상상하기도 어려운 일기를 보이는 지역이다. 그런데 놀랍게도 언젠가 때가 되면 먹구름이 몰려오고 비가 내리기 시작하고 그러면 그 메마른 땅에 강이 생긴다. 그 때만 생기는 강이다. 이것을 '와디'라 한다. 그 와디를 오늘 말씀에서는 남방시내라고 표현하고 있다.

우리의 인생도 이럴 수 있다. 본문 말씀의 이들은 포

로생활을 하였다. 당시 여러 정황으로 보았을 때 포로생활에서 풀려나고 자유함을 맛본다는 것은 상상도 할 수 없는 일이었다. 기대하지도 꿈꿔 보지도 못 했던 일이다. 그런데 어느 날 정말 "천국이 도적같이 임하리라!"라는 말씀처럼 도적같이 포로의 신분에서 해방되고 자유함을 얻게 된 것이다. 그때의 감격을 가지고 노래한 것이 본문의 말씀이다. 그 메말랐던 땅 남방 광야에 때가 되어 시내가 흐르듯 하나님의 때에 포로가 풀려날 것을 기다리며 오늘을 견디고 감사함 가운데 살아가는 영성이 있어야 한다. 그 때에 기쁨으로 단을 거두게 되는 것이다.

아마 통일도 남방시내에 물이 흐르듯 하나님의 때에 이루어질 것이다. 우리들이 할 일은 그 하나님의 때를 기대하며 그 때를 대비하고 불현듯 통일이 이루어졌을 때 당황함으로 반응하지 않고 "하나님! 감사합니다!"라고 반응하며 마땅히 해야 할 일을 제대로 할 수 있도록 준비하는 것이다.

우리 교회에서도 통일의 때를 위하여 세 가지를 준비하고 있다. 통일이 되었을 때 가장 염려스러운 것 중의 하나가 바로 남쪽의 천박한 자본주의가, 천박한 물질주의가 먼저 북녘 땅으로 들어가 저들을 오염시키는 것이다. 그래서 그들보다 먼저 그리스도의 복음이 들어가서 북녘의 동포들의 영혼 구원을 도모해야 할 것이다.

그렇기 위해 1) 사람이 필요하다. 2) 하나님 나라의 회복을 위해 해야 할 사역이 준비되어 있어야 한다. 3) 그리고 이 사역을 뒷받침할 수 있는 사역비가 있어야 한다. 이런 이유와 목적으로 이것을 지금 열심히 준비하고 갈고 닦고 있다.

이러한 자세는 비단 통일의 문제뿐만이 아니라 개인적인 삶에 있어서도 마찬가지이다. 이렇게 하나님의 때를 소망하고 기다리고 그 때를 위해 삶을 바쳐 씨를 뿌리는 영성으로 살아갈 때 언젠가 하나님의 때가 이르면 기쁨으로 단을 거두는 은혜에 동참하게 될 것이다.

- 아멘! -

8. 우리는 복 있는 사람입니다

여덟 번째 : 시편 128 : 1-6

---

1 : 여호와를 경외하며 그의 길을 걷는 자마다 복이 있도이다
2 : 네가 네 손이 수고한 대로 먹을 것이라 네가 복되고 형통하리로다
3 : 네 집 안방에 있는 네 아내는 결실한 포도나무 같으며 네 식탁에 둘러앉은 자식들은 어린 감람나무 같으리로다
4 : 여호와를 경외하는 자는 이같이 복을 얻으리로다
5 : 여호와께서 시온에서 네게 복을 주실지어다 너는 평생에 예루살렘의 번영을 보며
6 : 네 자식의 자식을 볼지어다 이스라엘에게 평강이 있을지로다

사람이 미래를 생각하고 예측하고 대비할 수 있음은 본능에 의해 겨우 겨우살이 음식이나 거주지를 확보하는 차원에 머무는 자연의 곤충이나 동물들과 대비해 볼 때 너무나 큰 특권이고 축복이 아닐 수 없다.

그래선지 어느 시대마다 미래를 예측하는 선각자들이 있는 법이고 그들의 유명한 저서가 있기 마련이다. 그런 책 중에는 대표적인 것으로 20세기 이후의 인간의 삶을

예측한 제3의 물결이라는 엘빈 토플러의 저서를 생각해 볼 수 있다. 요즈음은 한국 교회의 미래 모습들에 대한 책도 많이 등장하고 있다.

그런 책들을 읽다 보면 젊은 시절에는 미래가 궁금하고 기대되는 마음으로 그런 책들을 대하고 읽기 쉬우나 나이가 좀 들다 보면 기대감보다는 자칫 우울한 마음에 빠질 수 있다. 급변하는 세태와 시대적 환경의 변화에 박자 맞추고 함께 따라 변하기 어려워 시대적 변화에 뒤떨어질 수밖에 없는 자신의 정신적, 신체적, 경제적 현실을 볼 수 있기에 그런 것인지도 모르겠다. 그러나 그보다는 이제 나이가 좀 들어 현실적인 판단과 종합할 수 있는 능력이 커졌으므로 인하여 예측되는 미래가 그리 단순히 이루어지고 누릴 수 있는 것이 아님을 깨닫기 때문이라고 생각된다.

특히 신앙인으로서 그 시대를 살아간다는 것이 그리 만만하고 녹녹치 못할 것이라는 점을 느낄 수 있다. 왜냐하면 미래를 논하고 예측하는 책들 중에는 성서적인 진리와 상충되고 부딪치는 이야기들이 많기 때문이다. 그 예로서 인간복제의 문제를 생각해 볼 수 있다. 또한 장수하는 인생이 많아질 것은 분명한데, 오래 산다는 것이 반드시 행복하게 오래 살 수 있는 것만은 아닐 수 있기에 인간의 수명이 길어짐으로 인한 역기능적인 문제들도 당연히 대두될 것이기에 또한 그러하다. 그렇다 보니 미래를 생각할 때 어린 시절처럼 마냥 기뻐하며 소망에 가득한 눈으로 미래를 대하지 못할 가능성이 다분히 있다. 그렇다 보니 오히려 미래를 생각할 때마다 절망적인 마음이 들 수도 있다.

이런 유의 책들을 사람들이 보통 지혜서라고 하는데, 이 글들은 문학적으로 다분히 허무주의가 깔려 있기 쉽다. 성경에도 지혜서가 있는데 성경에서의 대표적인 지혜서는 전도서이다. 솔로몬의 지혜서라 일컬어지는 전도서도 읽어 보면 이것도 다분히 허무주의가 깔려 있는 것으로 보인다. 그 첫 마디가 "이 모든 것이 헛되고 헛되며 헛되고 헛되니 모든 것이 헛되도다!"라고 시작하고 있다. 이 전도서를 그렇기에 문학적인 흐름으로는 허무주의의 책이라 말할 수 있다. 그러나 놀랍게도 이 전도서는 형식은 허무주의일지 몰라도 내용은 전혀 그렇지 않다. 인간의 실존적인 내면을 살펴보고 내리는 아주 강력한 통찰력이 담겨 있는 메시지이다.

전도서는 매우 강력한 설교가 담겨 있다. 특별히 전도서라고 하는 이 이름 자체가 히브리말로는 '카할'이라 하는데 이 단어의 뜻은 '불러 모으다. 불러내어서 모인 사람들'이란 뜻이다.

신약에서는 이와 비슷한 말로 헬라어의 에클러시아라는 말이 나온다. 이는 오늘날 교회라는 말로 번역되어 있다. 따라서 전도서의 의미는 사람을 불러 모으는 자 또는 불러 모은 자들에게 말하는 자이다. 설교자라는 의미라 볼 수 있다. 즉 전도서가 비록 문학적인 관점에서 허무주의적인 모습을 지닌 듯하나 실제의 내용은 아주 강력한 설교 말씀이 담겨져 있는 책인 것이다.

그럼 어떤 내용의 메시지인가?

전도서를 읽다 보면 서론의 전개가 매우 길게 이어진다. 1장부터 12장까지 서론을 길게 '이것도 해봤더니 헛되도다!'식의 허무주의적 인식으로 길게 말하다가, 12장 13절에 가서야 결론을 말하고 있다. "일의 결국을 다 들었으니(이 부분을 새 번역 성경에서는 "할 말은 다 하였다. 결론은 이것이다."로 번역하고 있다.) 하나님을 경외하고 그의 명령들을 지킬지어다. 이것이 모든 사람의 본분이니라."라고 말하고 있다.

우리의 인생을 어떻게 사는 것이 멋있고 아름다운 것이고, 어떤 모습이 헛되고 불행한 것인가에 대한 답을 하나님께서 솔로몬을 통하여 내려주시고 계신 것이다. 가장 멋지고 아름답게 사는 인생의 결론으로 말씀하는 것이 "하나님을 경외하고 그의 명령을 지킬지어다! 그것이 인생의 본분이니라!"인 것이다.

성경에는 수없이 많은 우리의 삶에 절대적으로 필요하고 유익한 메시지가 담겨 있다. 그러나 그 모든 메시지 중에서 가장 본질적으로 귀중한 것을 고른다면 그것은 "하나님을 경외하라!"는 말씀이다. 잠언에서도 모든 지식의 근본은 하나님을 경외하는 것이라고 말씀하고 있다. 이것은 바로 우리의 신앙생활에 있어서 가장 중요한 기초가 바로 하나님을 경외하는 것이라는 의미이기도 하다.

이것은 다른 말로 이야기한다면 어떤 인생이 멋있고 아름답고, 즉 성공적인 인생이냐 하면 그것은 바로 하나님을 경외하는 가운데 사는 인생이라는 의미이다. 지혜로운 자는 선험(先驗)에 산다. 믿음의 조상들의 배울 점은 바로 하나님을 경외함에 그 뿌리를 내리고 있다. 모든 지혜의 근본이 하나님을 경외함에 있다. 하나님을 경외하는 삶이 곧 성공적인 삶인 것이다. 솔로몬의 지혜서를 통하여 우리에게 주시는 말씀이 바로 이것이다.

하나님을 경외할 때 내면세계가 질서를 잡습니다

우리 인생이 아름답고 복되고 성공적인 인생이 되기 위해 꼭 필요한 것은 하나님을 경외하는 것이다.

그렇다면 도대체 경외한다는 것이 무엇을 의미하는 것인가 하는 질문이 생길 수 있다. 경외하는 것이 어떻게 하는 것인가?

히브리어로 이 경외는 '야래'이다. 이는 동전의 양면처럼 동시에 두 가지 의미를 지닌 말이다. 하나는 한없이 사랑하고 한없이 친밀해지는 의미와 또 다른 쪽은 한없이 두려워하고 한없이 존경한다는 의미를 동시에 갖고 있다. 이는 한없이 두려워하며 동시에 한없이 사랑한다는 의미이다. 한없이 친밀하면서 동시에 한없이 어려워하는 것이다.

이 경외함만이 하나님과 나와를 연결시키는 가장 아름다운 길이고 하나님이 나의 하나님이 되실 수 있는 유일한 방법이다. 하나님을 경외하는 마음이어야 하나님이 온전히 나의 하나님이실 수 있다.

하나님을 경외할 때 하나님의 기쁨이 되기 위한 삶이 가능해진다. 하나님이 원하시는 길이면 기쁜 마음으로 자원하여 나아가게 되고 하나님이 원치 아니하시고 하나님을 노엽게 하는 길은 가지 않게 된다. 내 자존심이나 내 꿈보다도, 나보다 하나님을 더 귀하게 여기는 마음이 경외함이다.

그렇기에 이 경외함이 하나님과 우리가 온전한 관계를 이루는데 가장 중요한 믿음의 고백이 되어야 한다. 그리고 놀랍게도 내가 하나님을 제대로 참되게 경외하면 그때부터 우리의 인생을 제대로 되기 시작한다. 우리 인생의 초점이 맞아지고 방향이 바르게 잡히게 되고, 그럴 경우 우리의 삶이 정리가 되기 시작한다.

우리는 살면서 때로는 혼란과 혼돈 가운데 놓일 때가 생길 수 있다. 그렇게 되면 이 혼란과 혼돈으로 인하여 불안과 근심과 걱정에 휩싸이게 된다.

우리 삶의 혼돈은 두 가지 경우에 일어나게 된다. 두 가지는 서로 연결되어 있는데, 하나는 삶의 궁극적인 목적, 삶의 방향과 그에 이르는 방법이 혼돈될 때이다. 즉, 본질적인 목적과 방향은 뒤로 밀리고 그것을 이루기 위한 방법이, 그 방법의 확보 내지는 이룸이 마치 목적인 것처럼 인식될 때이다. 그래서 수단이 목적이 되면 혼란이 오게 된다.

예를 들면 공부에 대해 생각해 볼 수 있다. 자녀들이 공부를 잘하는 것은 수단인가 아니면 목적인가? 우리 자녀들의 인생의 궁극적 목적은 무엇일까? 아마도 이 땅에서 행복하게 살아가는 것이라는 의견에 반대할 부모는 없을 것이다. 행복한 인생이 되기 위해서라면 죄와 벗하는 인생이어선 안 된다. 그래서 하나님의 자녀가 되고 하나님의 진리 가운데 거하는 것이 행복해지는 길이다. 그래서 유아 세례도 주고 주님 말씀으로 양육하는 것이다. 공부 잘하는 것은 행복하게 살아가기 위한 방법 중의 하나일 뿐이다. 즉, 공부를 잘 못해도 얼마든지 행복할 수 있는 것이다. 그런데 부모의 마음에 아이가 공부 잘하는 것이 목적으로 인식되고 그런 혼돈된 고정관념이 자리 잡으면 아이와의 관계는 깨어지게 된다. 그의 인생에 혼돈이 온다.

우리 삶의 혼란과 혼돈의 원인 중 생각보다 많은 비중을 차지하는 것이 바로 이렇게 목적과 방법의 혼란에 기인된 것들이다.

또 하나는 삶의 우선순위에 혼돈이 올 때이다. 열심히는 산다. 그런데 문제는 열매가 제대로 맺혀지지 않는다. 늘 시간에 쫓기고 늘 경제적으로 어려울 때 그 시간과 돈에 문제가 있기보다는 우선순위가 바로 서지 못해서 오는 불편이고 혼란인 경우가 많은 것이다.

이렇게 중요한 삶의 목적, 방향과 우선순위가 바로 잡히고 제대로 서기 위해서는 반드시 우리 인생의 내면세계의 초점과 방향이 제대로 정리되고 바로 서 있어야 한다. 우리의 내면세계의 질서가 바로 잡혀야 한다. 이런 질서의 확립이 하나님을 진정으로 경외할 때 가능하게 된다. 하나님을 진정으로, 참되게 경외하면 우리의 삶이, 우리의 내면세계가 정리되기 시작한다. 하나님을 마음속 깊이에서 경외하면서, 하나님을 진정으로 경외한다고 고백하면서 어떻게 인생을 막 살 수 있겠는가? 그렇기 때문에 우리 인생의 문제들이 정리가 된다. 하나님을 진정으로 경외한다고 고백하는 입으로 어떻게 누군가를 상처주고 누군가를 정죄하는 독이 든 말을 함부로 할 수가 있겠는가? 그러다 보니 우리의 인생이 선한 방향으로, 하나님 보시기에 합당한 방향으로 정리가 되는 것이다. 하나님을 경외한다면서 어떻게 겉 다르고 속

다른 이중인격으로 살 수 있겠는가? 하나님을 경외하는 사람은 하나님의 뜻에 부합되는 바른 삶을 영위하지 않을 수 없게 된다. 당연히 질서가 잡힌 아름다운 삶을 살게 된다. 믿지 않는 자들이 오히려 하나님을 경외하는 것의 의미를 잔뜩 담을 말을 하기도 한다. "하나님을 믿는다면서 이럴 수가 있어?"라고 말이다. 하나님을 경외하는 자는 마땅히 하나님 보시기에 '미쁘다!' 칭찬 들을 수 있는 질서 잡힌 인생을 살게 된다. 이런 삶이 행복한 인생, 아름다운 인생, 멋진 인생, 성공적인 삶인 것이다.

하나님을 경외하는 자의 삶은 아름답습니다

하나님을 경외하는 삶이 아름다운 이유는 또 있다. 지금까지의 이야기는 우리 측, 그러니까 인간의 입장에서의 이야기이다. 하나님을 경외함으로 나의 내면세계의 질서가 잡힘으로 인해 우리의 삶이 아름다워진다는 것은 우리 인간에게 일어나는 변화이다.

그런데 우리의 경외를 받으시는 하나님께서도 그냥 받기만 하시고 가만히 계시는 것이 아니다. 하나님도 우리를 어여쁘게 여기셔서 하나님을 진정으로 경외하는 자에게 은혜를 주신다. 그렇기 때문에 하나님을 경외하면 우리 측에 일어나는 변화만으로도 자신의 삶이 질서가 잡히고 아름답게 변화되는데 하나님 측에서도 복을 내려주시고 은혜를 베풀어 주시니까 진짜 아름다운 인생으로의 변화가 일어나는 것이다.

그렇다면 하나님은 하나님을 진정으로 경외하는 자에게 과연 어떤 은혜를 베푸실까? 그것을 오늘 본문 1절에서 분명히 말씀하고 있다. "여호와를 경외하며 그의 길을 걷는 자마다 복이 있도다."라고 말씀하고 있다. 이 말씀은 히브리어로 "앗쉬레 하잇쉬!"라고 감탄하게 되는 것이다. 즉, 하나님도 우리의 삶을 복되다고 인정하시고 복을 주시는 것이다.

그러면 하나님을 경외하는 자에게 어떤 복을 내려주실까? 본문 2절에서 4절 말씀을 보면 "네가 네 손이 수고한 대로 먹을 것이라. 네가 복되고 형통하리로다. 네 집 안방에 있는 네 아내는 결실한 포도나무 같으며 네 식탁에 둘러앉은 자식들은 어린 감람나무 같으리로다. 여호와를 경외하는 자는 이같이 복을 얻으리로다."라고 구체적으로 받을 복을 말씀하고 있다.

그런데 인간의 생각으로는 '이것도 복이야?'라는 의문이 들 수도 있다.

첫 번째 말씀하신 복은 "네가 네 손이 수고한 대로 먹을 것이다."이다.

우리 생각으로는 복이라 할 것 같으면 "네가 수고하지 않아도 넉넉히 먹으리라."쯤 되어야 될 것 아닌가 라고 생각할 수 있다. 아니면 "네가 수고한 것보다 훨씬 더 많이 주겠노라." 쯤은 되어야 복이라고 할 만한 것 아닌가 하는 생각이 들 수 있다. 그런데 하나님은 "네가 네 손이 수고한 대로 먹을 것이다."라고 말씀하고 계시다. 이것이 어떻게 복이란 말인가? 약간의 실망스런 느낌이 들 수 있다.

그 다음 말씀은 "네 집 안방에 있는 네 아내는 결실한 포도나무 같으며."이다. "네 아내는 슈퍼 모델 같으며……." 정도는 되어야 복이지 "네 아내는 풍성하게 열매 맺은 포도나무 같으며."란 말이 무슨 엄청난 복이란 말인가 라는 생각이 들 수 있다.

애들에 대한 축복도 그렇다. 여느 부모들이 자식에 대해 소원을 빌 때면 "꼬리가 아니라 머리가 되게 하여 주옵소서!"라고 비는 것이 상례일 텐데 "어린 감람나무와 같으리라."는 말씀도 과연 축복인가라는 생각을 가질 수 있을 것이다.

그러나 그것은 우리의 생각이 잘못된 것이다. 이 말씀은 우리의 삶에 있어서 가장 기본적이고 근본적인 것에 대한 귀한 축복인 것이다. 우리가 자꾸 부족한 듯 생각이 드는 것은 우리가 오염되어 있기 때문이다.

"네 손이 수고한 대로 먹을 것이다."라는 말씀은 자신의 생업에 대한 하나님의 최고의 축복이다. 일하지 않고 불로소득을 얻게 되면 인생이 망가지게 되어 있다. 땀 흘린 대가로 살아갈 때 그 삶이 진정한 행복이지 땀 흘리지 않은 결과를 추구할수록 그 인생은 망가지게 된다. 비록 소유는 늘어날 수 있을지 몰라도 행복은 사라지고 그의 인생은 공허해지고 스스로도 자신의 삶에 가치를 부여할 수 없는 허무한 인생이 되게 된다. 땀을 흘리지 않고 대가를 취하려고 하는 불한당(不汗黨)이 되고 마는 것이다. 우리가 자신의 본업에 충실하고 열심히 노력할 때 하나님께서 그것에 합당한 열매를 맺을 수 있게 허락해 주시는 것이 가장 큰 복인 것이다. 수고한 대로 먹을 것이라는 말씀은 우리의 수고한 손을 가치 있게 해주시겠다는 축복의 말씀인 것이다.

성경말씀 중에서 특별히 복에 대하여 죽 말씀하시기 때문에 '복(福)장'이라 불리는 신명기 28장은 그 제목이 '순종하여 받는 복'인데 그 내용은 이렇다. "네가 네 하나님 말씀을 삼가 듣고 내가 오늘 네게 명령하는 그의 모든 명령을 지켜 행하면 네 하나님 여호와께서 너를 세계 모든 민족 위에 뛰어나게 하실 것이라. 네가 네 하나님 말씀을 청종하면 이 모든 복이 네게 임하며 네게 이르리니, 성읍에서도 복을 받고 들에서도 복을 받을 것이며 네 몸의 자녀와 네 토지의 소산과 네 짐승의 새끼와 소와 양의 새끼가 복을 받을 것이며, 네 광주리와 떡 반죽 그릇이 복을 받을 것이며, 네가 들어와도 복을 받고 나가도 복을 받을 것이니라."

이 여러 가지 복에 대하여 보다 구체적으로 8절에서는 "여호와께서 명령하사 네 창고와 네 손으로 하는 모든 일에 복을 내리시고……"라고 씌어 있다. 일확천금이나 불로소득이 아니라 스스로 수고하는 손에 복을 주신다고 말씀하고 있다.

12절 말씀에서는 결론적으로 "여호와께서 너를 위하여 하늘의 아름다운 보고를 여시사 네 땅에 때를 따라 비를 내리시고 네 손으로 하는 모든 일에 복을 주시리니……." 다시 말하면 하나님이 주시는 복은 느닷없는 일확천금이 아니라 자신의 손이 수고한 것으로 갚아주시는 것이다. 내 생업의 현장에서 내가 수고한 대가가 제대로 주어지는 것이야말로 큰 하나님의 축복인 것이다. 하나님은 정직하고 분명하고 합리적인 분이시다.

때로는 좋은 신앙의 본을 보이는 사람으로서 열심히 일했음에도 불구하고 곤경에 빠지는 경우도 있을 수 있다. 그래서 이 말씀 앞에서 다소 혼란이 있을 수 있다. 그것은 이 세상이 하나님의 공의대로 통치되지 않기 때문에 일어나는 현상이다. 이 세상이 단순하지 않고 복잡하기 때문에 일어나는 현상에 담겨 있는 하나님의 섭리가 무엇이고 무엇을 위함인 줄을 우리가 다 이해할 수 없기 때문이다. 그러나 분명한 것은 하나님을 경외하는 자에게는 "네 손이 수고한 대로 복을 주리라!" 하신 말씀이 실행되고 이루어진다는 사실이다.

마찬가지로 3절 말씀의 "네 집 안방에 있는 네 아내는 결실한 포도나무 같으며 네 식탁에 둘러 앉은 자식들은 어린 감람나무 같으리로다."라고 축복하신 것은 별 것 아닌 것이 아니라 하나님이 인간에게 내려주신 복 가운데 가장 아름다운 복 가운데 하나이다. 왜냐하면 하나님이 이 세상을 창조하시고 이 땅을 아름답게 만드신 후에 하나님의 형상에 따라 우리를 만드셨다. 그리고 우리를 복되게 하시면서 제일 먼저 주신 선물이 바로 가정이다. 즉, 아름다운 가정은 하나님이 주신 가장 아름다운 축복이다. 본문 3절의 말씀은 바로 복되고 아름다운 가정의 모습을 말씀하고 있다. 물론 신앙의 사람들 중에도 원치 않게 가정이 깨어지고 무너진 사람들도 있을 수 있다. 어찌하다 보면 가정을 이루지 못하고 홀로 살아가는 사람들도 있다. 때로는 자녀가 없는 가정도 있을 수 있다. 역시 우리의 삶의 과정이 복잡하기 때문에 거기에 담겨 있는 하나님의 섭리를 다 이해하고 깨달을 수 없어서 갖게 되는 갈등일 수 있다. 그러나 성경에서 분명히 말씀하고 있는 것은 하나님을 경외하는 자에게는 그 가정을 아름답게 하는 축복을 내리신다는 것이다.

하나님을 경외하는 자에게는 평강의 복이 임합니다

이와 같이 손이 수고한 대로 대가를 얻고 아름답고 행복한 가정을 허락하시는 축복의 궁극적인 결론은 5절 6절에서 다음과 같이 말씀하신다. "여호와께서 시온에서 네게 복을 주실지어다. 너는 평생에 예루살렘의 번영을 보며 네 자식을 볼지어다. 이스라엘에게 평강이 있을지로다."라고 말씀하신 것은 하나님을 경외하는 자에게는 그 결론에 평강의 영이 그의 인생 가운데 있을 것을, 샬롬의 열매가 맺힐 것을 말씀하고 계신 것이다.

하나님을 경외하는 자에게 주시는 이 샬롬, 평강의 축복은 겉으로는 별로 대단해 보이지 않을 수 있다. 세계를 주름잡는 것도 아니고 엄청난 영향력을 행사할 수 있는 것도 아닌 것처럼 보인다. 그러나 하나님을 믿는 하나님의 자녀들에게는 그 어떤 것보다 아름다운 복이 바로 이 평강의 복이다.

하나님의 자녀로서 이 세상 가운데에서 아름답고 행복하게 살기 위해서는 세 가지가 균형 잡힌 삶이어야 한다.

하나는 하나님과 즉 신앙생활과
또 하나는 우리의 가정과 그리고
세 번째는 자신의 일터 곧 생업,

이 세 가지가 균형 잡힐 때 그 삶은 하나님의 자녀다운 성숙되고 행복하고 아름다운 모습일 수 있다.

본문 5-6절 말씀도 이것을 말씀하시는 것이다. 5절의 "예루살렘의 번영을 보며……."는 하나님과의 관계를 의미하는 말씀이다. 1절에서도 하나님을 경외하는 사람을 말하고 있다. 이렇게 하나님과의 관계가 바로 서게 되면 그의 가정이 아름답고 복된 가정이 되며, 동시에 그 사람은 수고한 대로 거두어 일터가 행복해진다는 것을, 그럴 수 있도록 축복해주심을 뜻하고 있다. 이렇게 세 가지 부분이 균형 잡힐 때 그의 인생 가운데 샬롬, 평강의 영이 임하게 된다.

마음에 평강이 있는 사람은 삶의 처해진 조건이나 환경이나 사람에 의해 그의 영혼이 더 이상 흔들리지 않는다.

하나님과의 관계가 바로 서면 인간과의 관계도 바로 서는 것이다. 그런데 이 균형이 깨지면 문제가 대두된다. 마음에 안 드는 것들이 도처에서 눈에 띄게 된다. 불만 불평과 근심, 걱정이 생긴다. 마음에 평강이 있으면 아무 문제가 되지 않을 만한 것들도 이 평강이 깨지면 엄청난 어려움인 것처럼 마음속에 느껴지게 된다. 인간관계도 깨지게 된다. 왜냐하면 어느새 내가 주인이 되고 내 마음이 기준이 되어 내 마음에 안 드는 것은 틀린 것이라는 자세로 사람을 대하고 세상과 부딪치기 때문이다. 은혜가 충만하고 마음에 평강이 넘쳐흐를 때는 사람이 예쁘고 멋져 보이고 세상이 아름답게 느껴진다. 아니면 솔로몬의 고백처럼 "이 또한 지나가리라!"라는 마음으로 여유를 가지고 대할 수 있다. 그러나 내 안의 은혜가 사라지게 되면 다 문제가 된다. 그러니까 어려움의 주된 요인은 환경이 아니라 바로 나 자신, 나의 마음인 것이다.

바로 내 마음에 평강의 영이 임하는 것이 하나님을 경외할 때이다. 그래서 그는 복 있는 사람인 것이다.

지금까지 여덟 번의 설교를 통하여 말씀드린 '복 있는 인생'이 되기 위해서는 두 가지가 필요하다.

첫 번째 꿈을 계속해서 꾸어야 한다.

하나님이 원하시는 복된 삶이 비록 아직은 아닌 것 같을지라도 복된 삶이 될 수 있기를 꿈꾸고 소망하고 간구하며 생업의 현장이, 가정이 아름다워질 것을 꿈꾸며 나아가야 한다. 비록 아직 이루지 못했고, 나의 실수로 인하여 흔들리고 어긋난 경우일지라도 낙심하지 말고 '나는 그저 이런 인생인가 보다.'하고 희망을 접지 말고 도전해야 한다. 하나님 앞에서 꿈을 꾸고 그 꿈을 바라보는 사람이어야 한다. 오늘의 본문 말씀을 마음에 품고 읽고 묵상하고 때로는 암송하면서 "하나님! 이 평강을 나에게 허락하옵소서!" 하고 간구하며 꿈을 잃지 않아야 한다. 이런 가정과 이런 일터, 생업의 현장을 꿈꿔야 한다. 꿈꾸는 자에게 하나님은 허락하심을 믿어야 한다.

두 번째는 현재 자신에게 주어진 것을, 자신에게 있는 것을 세심하게 찾아 발견하고, 그것을 감사하고 기뻐하는 마음으로, 최대한 누리며 살아가야 한다.

자신의 모습을 돌아볼 때 완전하지 못하고 깨어지고 부서지고 일그러진 모습을 보게 됨은 당연한 것이다. "온전한 이는 없나니 하나도 없느니라!"라고 성경에 말씀하셨듯이 누구에게나 부족한 면은 있는 법이다. 나도 모르는 사이에 내 의지와 상관없이 내 인생이 원하지 않는 상황으로 흘러갔을 수도 있다. 그러나 가만히 생각해보고 자세히 살펴보면 아직도 남아 있는 것이 있다. 남아 있는 가족이 있을 수 있고 남아 있는 일이 있을 수 있고 무엇보다 아직 남아 있는 내 삶의 이야기가 있고 우리를 끝까지 사랑하시는 하나님의 사랑과 돌보심이 있음을 깨달아야 한다.

마음에, 현실 가운데 자신이 원하는 바로 그것이 없다고, 필요한 것이 없다고 낙심하고 원망에 젖어들 것이 아니라 아직 남아 있고, 지금 내게 있는 것을 아름답게 지키고 누리며 사는 것이 '복 있는 자의 삶'이다.

이렇게 살다 보면 어느 날 하나님을 경외하는 자에게 주어지는 이러한 복된 삶이 회복되어지고 더욱 풍성하게 펼쳐지는 은혜가 있을 것을 믿어야 한다.

그래서 언젠가 하나님 앞에 가는 날 "나는 복 있는 사람입니다!"라고 고백할 수 있을 것이다.

- 아멘! -

후기

제자들이 예수님의 말씀을 성령의 인도하심 따라 회상하고 기억하여 기록함으로써 세상을 향해 복음의 씨앗을 심었던 것을 닮고 싶은 마음에서 이리 할 결심을 하였습니다.

기쁨과 열정을 가지고, 하나님을 바라고 하나님의 뜻대로 살고자 애쓰며 모여 이룩한 생명이 회복되는 사랑의 공동체, 대전 산성감리교회 성도들에게, 하나님의 말씀을 대언하시는 지성업 담임 목사님의 설교말씀이 너무 귀하고, 혼자 듣고 그치기에는 아깝고 안타까워 그 귀한 말씀이 한 알이라도 그냥 땅에 떨어져 버릴까 조심하는 마음으로 알알이 적어 보았습니다.

세상을 향해 "와 보라!"하는 초대의 말씀으로 널리 펼쳐 보이는 것이 성령의 인도하심인 줄로 굳게 믿으며, 쓰임 받는 기쁨과 감격에 넘쳐서 정성을 다해 한 알이라도 놓칠까 조심하고, 한 올이라도 그르칠까 조심하며 귀한 말씀을 받아 적었습니다.

이 글이 세상을 향한 복된 삶으로의 초대의 글이 될 것을 믿는 마음으로 정리해 봅니다.

아무쪼록 보다 많은 사람들이 이 글을 대할 수 있기를 기도합니다.

이 말씀을 통하여 하나님의 사랑과 복 주심을 깨닫고,
이미 받은 복을 감사함으로 마음껏 누리며,
이 산 자의 땅에서 하늘나라의 복락을 누리며 사는,
천국 백성의 삶이 열려지기를 소망하며 간구합니다.

앗쉬레 하잇쉬!

2014년 5월 5일 1판 1쇄 인쇄
2014년 5월 10일 1판 1쇄 발행

적 은 이 정 광 설
펴 낸 이 심 혁 창
편집위원 원 응 순
디 자 인 홍 영 민
마 케 팅 정 기 영

펴낸곳 **도서출판 한글**
서울특별시 서대문구 신촌로 27길 4호
☎ 02) 363-0301 / FAX 02) 362-8635
E-mail : simsazang@hanmail.net
등록 1980. 2. 20 제312-1980-000009

GOD BLESS YOU

정가 **10,000원**

*

ISBN 97889-7073-399-9-33230